prometeo
libros

LA TRAGEDIA SEGÚN EL DISCURSO
ASÍ SE SIENTE CROMAÑÓN

EVIDENCIALIDAD Y FORMAS DE PERCEPCIÓN DE LA ENUNCIACIÓN PASIONAL

Andrea Estrada

LA TRAGEDIA SEGÚN EL DISCURSO
ASÍ SE SIENTE CROMAÑÓN

EVIDENCIALIDAD
Y FORMAS DE PERCEPCIÓN DE LA
ENUNCIACIÓN PASIONAL

prometeo
libros

Índice

Agradecimientos

La tragedia según el discurso. Así se siente Cromañón es el resultado de la reescritura de un trabajo académico más extenso sobre las pasiones en el discurso testimonial. Y si bien se trata de un texto cuya lectura puede ser abordada por cualquier lector interesado en los estudios discursivos en general o en la tragedia de Cromañón, en particular, resulta un aporte interesante porque está sustentado en un contexto metodológico concreto.

Debo agradecer, entonces, a María Marta García Negroni el haberme iniciado y guiado en la comprensión de las teorías polifónico-argumentativas, cuyos postulados centrales me han permitido caracterizar el discurso de Cromañón sin remitirme a elementos exteriores al discurso mismo.

Sobre la base, entonces, de que la significación es de naturaleza instruccional, un modo de empleo a partir del cual puede calcularse el sentido de los enunciados que no remiten al mundo, sino a otros discursos de los que son o pueden ser la continuación, la Teoría de la Argumentación en la Lengua (Anscombre y Ducrot (1983 [1994]) me ha permitido caracterizar el discurso de Cromañón sin recurrir al conocimiento previo de las propiedades del mundo o del pensamiento.

Adhiero en este trabajo al cuestionamiento de esta teoría con respecto a la hipótesis tan arraigada en la tradición lingüística sobre el valor descriptivo e informativo de la lengua, cuya función primaria sería tan solo la de representar la realidad. Y, por lo tanto, comparto su convicción epistemológica según la cual hablar es orientar el discurso hacia ciertas conclusiones. Por otra parte, concibo al igual que la Teoría de la Polifonía Enunciativa (Ducrot, 1984) que no hay un único autor y responsable del enunciado, razón por la cual presento el análisis de los enunciados del discurso de Cromañón como una superposición de distintas voces virtuales, es decir, voces abstractas llamadas enunciadores, que son introducidas en escena por un locutor o personaje ficticio al que el enunciado le atribuye la responsabilidad de la enunciación.

A todos los que siguieron de cerca la génesis de esta obra, entre ellos: Victoria Tealdo, Cecilia Chabod, Marta Calvo, Valeria Rouco, María Juana Surraco y Miriam Acenelli.

Finalmente, agradezco a Gustavo Gorriz y a Silvia Ocampo por generar las condiciones propicias para la escritura de esta obra.

Para Joaquín y Paco
y, en ellos, a todos lo jóvenes rockeros

Evidentemente, existen tantas interpretaciones de las cosas y los hechos como seres humanos. Sin embargo, en el camino hacia la verdad habría que valorizar la fuente de la cual proviene la información. ¿Qué quiero decir con esto? Sólo enfatizar la enorme diferencia que existe entre el "yo estuve" y el "me lo contaron". Periodistas, encuestadores, políticos, filósofos y psicólogos, monjes y videntes cuentan esta historia desde su punto de vista, en muchos casos con mucha lucidez, pero muchos, basados en conjeturas más o menos acertadas de este episodio tan siniestro. Lo importante de este trabajo es conocer la versión de los pibes que la sufrieron.

Franca Tosato
(*Cromañón. La tragedia contada por 19 sobrevivientes*)

Introducción

Encarar el estudio del discurso de la tragedia de Cromañón implica ante todo ser capaz de comprometerse con un tema altamente sensible. Pero también involucra dos desafíos: por un lado, poner al servicio de los lectores especializados y del público en general los instrumentos de análisis que la lingüística puede aportar en pos de la asimilación de una tragedia como la sucedida en Cromañón; y por el otro, y porque personalmente le reprocho al Análisis del Discurso el hecho de presentar descripciones que muchas veces explicitan tan solo aspectos del discurso que resultan evidentes, poder dilucidar con los instrumentos de análisis de las teorías enunciativas, es decir más allá de la información puesta en circulación por los medios de comunicación y por la justicia, la arquitectura discursiva del discurso de Cromañón.

Lo que intento, en concreto, es explicitar los recursos lingüísticos con los que los propios protagonistas de la catástrofe, acaecida en el local bailable República de Cromañón el 30 de diciembre de 2004, en la ciudad de Buenos Aires, Argentina, transmiten lo que percibieron y padecieron la noche de la tragedia. En aquella oportunidad, una bengala (o un tres-tiros) lanzada por un grupo de *fans* del grupo de rock Callejeros provocó el incendio de la media sombra que cubría el techo del local, cuyo material ignífugo despidió gases altamente tóxicos. Y, dado que las puertas estaban cerradas con candados, el local se convirtió en una trampa oscura y mortal en la que murieron asfixiadas 194 personas, en su mayoría jóvenes y adolescentes.

En este trabajo, considero víctimas a los que, de alguna u otra manera, sufrieron y sufren aún en la actualidad las secuelas de esta tragedia: sobrevivientes, padres y familiares de los muertos. Por otra parte, el número de víctimas ha variado de 178 muertos (2 de enero de 2005) a 193 (3 de junio de 2005) (Cambra, 2008) y, en la actualidad asciende a 194.

Analizo en los documentos de Cromañón –una carta de lectores, testimonios de algunos de los sobrevivientes y padres, y documentos o "narrativas judiciales"– los recursos mediante los cuales se discursiviza lo que las víctimas percibieron aquella noche. En otras palabras, mi intención es dar cuenta del modo en el que el elemento *pathémico* –entendido en el sentido dado al término *"pathémique"* por A. J. Greimas y J. Fontanille ([1994] 2002)– refleja la vida pasional del sujeto de la enunciación, el que, investido de una competencia pasional, se hace presente en el discurso.

Porque tal como señala H. Parret (1995*a*), durante largo tiempo se consideró al discurso como algo puramente lógico, emanado de un sujeto que pensaba y enunciaba su pensamiento (nombraba, describía, afirmaba, constataba, razonaba y concluía) mediante enunciados prototípicos: la afirmación y la descripción. Los estudios lingüísticos, entonces, se ocupaban exclusivamente de este tipo de enunciados y relegaban al campo de la retórica las propiedades *pathémicas* de la lengua.[1] Sin embargo, el discurso también refleja la vida pasional del sujeto de la enunciación el que, investido de una competencia pasional, puede mostrarse no solo como un ser lógico, sino además como un ser de pasión (Parret, 1995*a*).

Pero mi propuesta no consiste tan solo en demostrar mediante el análisis de determinados recursos lingüísticos a nivel de enunciado que el discurso de la tragedia de Cromañón (declaraciones de funcionarios públicos, testimonios y relatos –orales y escritos– de las víctimas –sobrevivientes y padres–) es un discurso pasional o *pathémico*. De hecho, arribar una conclusión de ese tipo sobre el discurso de una tragedia resultaría una tautología, obvia hasta para el más lego en la materia. En realidad, el objetivo de mi análisis no se concentra tan solo en los recursos *pathémicos* en el plano del enunciado –i. e. el nivel de lo dicho– sino también, y sobre todo, en aquellos que *pathemizan* la enunciación, entendida como la puesta en funcionamiento del discurso por un acto individual de utilización (Benveniste [1971] 2002), acto que remite, entonces, al proceso por el cual lo dicho es atribuible a un "yo" que apela a un "tú" y que, a su vez, se distingue de un "él", "la no persona" u objeto del discurso.

Finalmente, vale aclarar, que a lo largo de este trabajo, utilizo el término "pasión" como hiperónimo que engloba los sentimientos, las emociones, los afectos y sus derivados, como un modo de obviar las discusiones que, referidas a la distinción entre estos términos, han desarrollado otras disciplinas como la psicología o la filosofía.[2]

---

[1] Para Ch. Bally (1950), precursor en los estudios sobre la enunciación, la modalidad es una actitud o punto de vista adoptado por un sujeto pensante frente a lo dicho. Por lo tanto, en un enunciado es posible distinguir el contenido representativo, es decir, lo dicho (*dictum*) y la actitud o el punto de vista adoptado por el hablante respecto a lo dicho (*modus*). La exclamación, por ejemplo, es uno de entre los variados recursos sintácticos, prosódicos o semánticos, mediante los cuales el sujeto modal puede expresar "emociones y deseos".

[2] Para un interesante desarrollo de este tema, véase H. Lima (2007).

Los modos de percibir y la enunciación pasional

Percibir es parte del proceso de enunciación o, como señala J. Greimas (1973), es la primera forma de mediación entre el sujeto y el mundo y, por lo tanto, la base sobre la que se cimienta la aprehensión de la significación.

El acto de enunciar es un acto complejo que conlleva distintos tipos de haceres: decir (verbalizar), saber y sentir o padecer. Así, el cuerpo percibiente es afectado por lo percibido en distinto grado y extensión (posición y distancia), pero además, el cuerpo como centro de las percepciones y de los datos que le llegan del exterior es también un lugar interior donde se desencadenan sentimientos y emociones. En palabras de R. Dorra (1999), el propio cuerpo, lo propioceptivo, es el lugar de confluencia entre lo exteroceptivo y lo interoceptivo y, precisamente, en esta zona de confluencia o interfaz entre la percepción y la sensación es donde se instauran los recursos que analizo en el discurso de Cromañón.

Y dado que como señalé antes, la percepción despliega distintas dimensiones de la enunciación –la experiencia inteligible de un locutor racional y la experiencia sensible del sujeto pasional– lo que intento desentrañar en este trabajo es precisamente el modo en el que los documentos y testimonios de Cromañón conforman un discurso cuya garantía de veracidad se basa, no solamente en lo que un testigo ocular efectivamente pudo percibir, sino también en lo que un "yo" pasional inevitablemente debió sufrir. Para ello, me concentro especialmente en aquellos recursos que marcan la dimensión racional, como los verbos de percepción, pero también en los evidenciales directos de acceso sensorial, que codifican las dos dimensiones: la racional de la percepción visual y la pasional, que emana precisamente del horror de lo percibido. Estos recursos son llamados evidenciales porque aluden literalmente a las "evidencias" con las que cuenta el hablante para acceder a la información que transmite su enunciado, evidencias que pueden ser directas, si el hablante ha visto, escuchado o sentido la información, o indirectas, si la ha inferido o si se la han contado.

La evidencialidad es una categoría propia de las lenguas amerindias, llamadas "sufijales" porque sus sistemas evidenciales son altamente sofisticados, es decir, la fuente de conocimiento se halla inscripta obligatoriamente en la morfología, como el modo o el aspecto en los verbos del español. En cambio, en la lenguas indoeuropeas más conocidas, como el inglés, el francés y el español, la evidencialidad no se marca mediante morfemas obligatorios, sino con recursos lexicales o gramaticales.

Pero como el objetivo de mi propuesta es desentrañar la imagen de la tragedia que transmiten los testimoniantes de Cromañón, es necesario que me concentre en el elemento *pathémico* de los relatos, es decir en los recursos con los cuales las víctimas describen lo que vieron, olieron y escucharon aquella noche, pero que a su vez codifican lo que padecieron y siguen padeciendo aún años después de sucedido el trágico hecho. Se trata de verbos como el ítem *encuentro*, construcciones sintácticas con el verbo de percepción *ver* y formas gramaticalizadas como *mirá* derivadas del verbo de percepción *mirar*, adverbios de enunciación como *evidentemente*, etc.

En síntesis, dado que la enunciación se presenta como una suerte de imagen del proceso perceptivo, estos recursos permiten que los testimonios representan, en el escenario discursivo, no solo el despliegue de la experiencia cognoscitiva (aquello de lo que pueden dar fe las víctimas porque fueron testigos presenciales de los hechos) sino también y, a la vez, de la experiencia pasional, porque son precisamente los hechos presenciados lo que transforma a las víctimas en locutores sufrientes, en locutores de pasión.

El por qué de la elección del discurso de Cromañón

La decisión de trabajar con los testimonios de la tragedia de Cromañón obedece, en primer lugar, a un compromiso con un tema de profundo impacto social y personal, pero además, tal como señalé antes, surge de mi interés como lingüista en analizar, no sin ciertas limitaciones afectivas, el componente pasional de la enunciación presente en los testimonios. Porque a pesar de que todos los discursos, desde los más objetivos, como el académico, hasta los más subjetivos, como el poético, son en alguna medida "pasionales", no hay duda de que el de los sobrevivientes y los familiares de las víctimas de Cromañón es, entre todos, el más extremo, el más desgarrador y el más profundamente *pathémico*.

En el discurso de Cromañón, los testimonios analizados se presentan como un relato objetivo de un "yo" sustentado en un "yo vi", en un "yo estuve allí", pero que se apoyan, a su vez, en la subjetividad de un "yo padecí" (Amossy, 1999 y 2007; Cornelsen, 2007); porque en el caso de los testimonios de Cromañón, a diferencia de otro tipo de testimonios, las figuras del testigo y de la víctima coinciden, es decir, que al igual que los recursos analizados llamados evidenciales directos, estos testimonios codifican simultáneamente el ver y el padecer.

De la totalidad de discursos que conforman el corpus de Cromañón, he acotado el análisis a una carta de lectores, a algunos testimonios de los sobrevivientes y a ciertos documentos de las llamadas "narrativas judiciales", cuyo desarrollo ocupa sendos capítulos de este trabajo.

La carta de lectores

A ocho meses de aquella terrible noche del 30 de diciembre de 2004, exactamente en agosto de 2005, los padres de las víctimas exigían la destitución del Jefe de Gobierno de la Ciudad de Buenos Aires, Aníbal Ibarra, al que consideraban responsable de lo ocurrido. A raíz de una disertación de Estela de Carlotto en un seminario político, que fue interpretada como un abierto apoyo al entonces Jefe de Gobierno, la presidenta de "Abuelas de Plaza de Mayo" fue increpada y atacada con huevos por un grupo de padres. Estela de Carlotto se defendió en una conferencia de prensa en la que caratuló dicha agresión como "actos de violencia" y calificó a sus agresores de "golpistas" y de "delincuentes", que debían ser "castigados con el peso de la ley". La carta de lectores que me propongo analizar es precisamente la refutación de Liliana Garófolo, una de las madres de las víctimas, a las declaraciones de Estela de Carlotto.

En el Capítulo 3, analizo la carta como una interacción fuertemente argumentativa de acuerdo con el esquema de Ch. Plantin (2004:308-312) y explicito, a partir del análisis de los parámetros tópicos ordinarios –*topoi*–, el modo en que se han construido las emociones en el interior de la trama discursiva. También aplico el inventario de puntos de vista o de lugares comunes, que Ch. Plantin (1997:88) retoma de la *Retórica* de Aristóteles, para desentrañar las emociones –directas o indirectas– presentes en cada uno de los argumentos.

Sin embargo, como ya he señalado, la dimensión pasional no se circunscribe al nivel de "lo dicho", es decir a los "enunciados de emoción" a los que alude Ch. Plantin (1997), sino también a la enunciación misma; por esta razón, en este mismo capítulo, me dedico a analizar el evidencial directo *encuentro* como un recurso enunciativo mediante el cual el locutor se muestra como un ser de pasión.

Los testimonios

Marcado por profundos trazos subjetivos, el testimonio es el relato de una experiencia real e intransferible surgida de una percepción atestiguada en forma personal, razón por la cual no puede ser repetido o relatado por un tercero sin perder su esencia de discurso único y subjetivo (Cornelsen, 2007:114-119). Si bien existen, sin duda, otras especificidades y otros modos de abordar el género testimonial, a los efectos de no apartarme del objetivo de este trabajo, solo me concentro en el aspecto que E. L. Cornelsen denomina "percepción atestiguada en forma personal". De hecho, los testimonios de los sobrevivientes de Cromañón, pertenecen a un tipo especial de testimonio en el cual el testimoniante coincide con la víctima de los acontecimientos, razón por la cual resultan un espacio discursivo propicio para analizar el modo en que los testimoniantes han percibido y, por lo tanto, padecido los acontecimientos de aquella trágica noche.

Porque en todo testimonio, el locutor para ser confiable debe legitimar la autenticidad de su relato con un "yo estuve allí", un "yo vi lo que sucedió". Pero en los testimonios de los sobrevivientes de Cromañón entran en juego otros aspectos que vuelven el discurso plenamente subjetivo, a diferencia de otros, en los cuales para mostrarse objetivo el locutor debe borrar las marcas de subjetividad. Tal es el caso de los testimonios que analiza R. Amossy (2007:252-260), para quien el testimonio es un relato que se sustenta en una aparente paradoja, ya que el testimoniante debe probar la veracidad de lo que cuenta mediante un relato subjetivo, pero a su vez, debe producir el "apagamiento de la subjetividad" y demostrar que no tiene ningún interés afectivo o ideológico al asumir lo que dice. El testimonio ideal consistiría, según esta autora, en la narración factual de un sujeto exento de subjetividad que, sin necesidad de tomar partido provocaría, de todos modos, la reacción y la creencia del auditorio. Dicho de otro modo, según R. Amossy, el testimoniante debe relatar los hechos de forma neutra o sea, con la menor subjetividad posible, hablando sobre sí mismo, sobre lo que sintió y pensó en la oportunidad que su relato detalla, de un modo preciso y escrupuloso.

Pero sucede que en los testimonios de los sobrevivientes de Cromañón que examino en el Capítulo 4 ocurre todo lo contrario a lo planteado por R. Amossy (2007) y por E. L. Cornelsen (2007). En primer lugar, porque estos autores analizan obras de ficción (Amossy, *L'Espace Humaine* de Robert Antelme (París, Gallimard, 1957) y Cornelsen, *É isto um homem?* de Primo Levi (Río de Janeiro, Rocco, 2000), mientras que en mi caso, trabajo con desgrabaciones judiciales de testimonios orales reales, es decir con discursos que no han sido ficcionalizados, sino que podrían llamarse de "primer orden".

En segundo lugar, porque en el caso de Cromañón, el testimonio no es tan solo un acto de habla que describe un estado de cosas al que la presencia de un testigo ocular le otorga la garantía de objetividad y de verosimilitud, sino que es también un acto de habla en el cual dicho testigo, al haber vivenciado los acontecimientos que describe, se compromete emocionalmente con lo que atestigua.

En síntesis, los testimonios de Cromañón son el relato de lo que las víctimas vieron, pero sobre todo de lo que sintieron y padecieron aquella noche. En otras palabras, en estos testimonios, la objetividad se basa en la subjetividad del discurso de los sobrevivientes, que expresan una experiencia de fuerte carga emocional.

Para ello, el locutor que es testigo ocular y, a la vez, víctima, se vale de recursos de evidencialidad directa, como ciertas ocurrencias de los verbos de percepción *ver* y *mirar*, con los cuales transmite el modo en que ha percibido los acontecimientos, pero a su vez, puede calificar su enunciación en distintos grados en relación con su propia subjetividad y con sus pasiones. Dicho de otro modo, con la enunciación de estos recursos, el locutor califica su propio decir como surgido de la propia subjetividad, es decir de sus propias pasiones que derivan necesariamente de su presencia en el lugar de los hechos.

Así, aprovecho para mi análisis la estrecha relación entre los evidenciales directos de acceso sensorial y los testimonios de los sobrevivientes de Cromañón, en el sentido de que en estos últimos, tal como he señalado, el "yo testimoniante", como testigo ocular privilegiado, necesita paradójicamente para resultar confiable sustentar la objetividad de su discurso –lo que efectivamente "vio"– sobre su propia subjetividad, es decir, sobre lo que no hay dudas de que "padeció".

Las narrativas judiciales

Dentro del mismo tema, la tragedia de Cromañón, dedico el Capítulo 5 a analizar otro tipo de documentos –los "relatos o narrativas judiciales" (Orler, 2008)– definidos como los discursos sobre una determinada causa que, aunque incluidos en el género testimonial, circulan, exclusivamente, en los estrados judiciales o legales. En este caso concreto, me circunscribo a una denuncia judicial, a un auto de procesamiento y a algunas de las alocuciones pronunciadas por los diputados y por los padres de las víctimas durante las sesiones de la Comisión de la Legislatura Porteña creada especialmente para la investigación de la tragedia.

Para I. Carranza (2006:138) "En el entorno de los Tribunales la narración como actividad discursiva queda imbuida de los valores y presupuestos institucionales, y las formas textuales resultan condicionadas por el contexto situacional y social". Para esta autora, los textos narrativos tienen por función posicionar a los imputados, a los testigos, o a los abogados litigantes. Por otra parte, I. Carranza ahonda en los modos en que se revela el carácter discursivo narrativo en los alegatos: la selección de acciones narradas, los sentidos que las vinculan, y las formas narrativas mismas que se comprenden como parte de la interacción entre narradores adversarios en la controversia.[3]

Por su parte, para J. Orler (2008:3), los relatos judiciales se clasifican en:

a) "enfrentados entre sí" "Confrontaciones discursivas que se acumulan y superponen construyendo una urdiembre de relatos intrincada y densa" y en

b) "enfrentados a los hechos y al derecho", y contrastados con las variables factuales y legales. Los primeros son:

Voces que se califican y descalifican mutua y simultáneamente, haciendo que el acontecimiento del enunciado y su formal circunstancia procesal prosperen sobre lo dicho. Interpretaciones y reinterpretaciones que, convertidas en texto judicial, transitan bien distantes de una escritura de "grado cero" al estilo de Barthes. Ficciones como aparatos lingüísticos que ocultan motivos y deseos por detrás de los intereses, como "pestilente aliento" que invade al Derecho, en la teoría del lenguaje del Bentham (Jeremy) reiteradamente citado por Lacan en sus Seminarios.

---

[3] Para un estudio de los marcadores discursivos en la variante cordobesa del español y en el contexto específico de la corte de justicia, véase I. Carranza, (2004).

A su vez, los relatos judiciales enfrentados a los hechos y al derecho, se enfrentan con "'lo ocurrido' y 'lo legislado'. 'Lo dado' y 'lo construido', según las dimensiones en que supo desglosar al Derecho, hace ya muchos años" (Orler, 2008:5):

> Reguero de versiones, entonces, que imbricadas caóticamente, se enfrentan entre sí, con los hechos y con el derecho. La maquinaria judicial se mueve haciendo fintas al principio de realidad, resolviendo sus tensiones hacia expresiones simbólicas, figuradas o alusivas. Ejemplo de discurso no interpelado, pleno de sentidos figurados y ocultos, de sinécdoques y metonimias, de decires y no-decires polivalentes, que configuran ficciones reacias, esquivas, a toda correlación con la realidad en el marco de una estructura representativa.

Desde el punto de vista lingüístico-funcional, los relatos judiciales pertenecen al tipo de discursos, como el académico y el periodístico, entre otros, cuya función ha sido definida tradicionalmente como la de reflejar de manera "imparcial" elementos del contexto referencial. En este sentido, uno de los aspectos más relevantes del discurso jurídico es el modo en que se presenta la información (Carranza, 2007:3):

> Es de esperar que en el discurso jurídico las valoraciones de lo que se conoce y de las fuentes de conocimiento sean particularmente importantes ya que hay claras definiciones sobre lo que puede constituir evidencia en cada etapa de los procedimientos, cómo debe ser presentada según el tipo de evidencia de que se trate, y quién puede presentarla. Existen también restricciones acerca de los tipos de inferencias que pueden derivar legítimamente las distintas categorías de actores institucionales.

Considerados tradicionalmente como "objetivos", se señala habitualmente que tanto en el discurso jurídico, como en el académico y el periodístico, las marcas de subjetividad suelen aparecer borradas o canceladas en favor precisamente de los datos exteriores que operan como garantías de veracidad. De allí que en ellos, el locutor es en general considerado tan solo como un mediador, que no muestra sus emociones ni sus sentimientos, porque su única función es reflejar con la mayor imparcialidad posible "el conocimiento", en el caso del discurso académico, "la realidad objetiva", en el discurso periodístico y las "evidencias" en el caso del género judicial.[4] Pero sucede que estos datos referenciales no son simplemente representaciones exteriores al discurso, sino más bien, construcciones intradiscursivas en las cuales la instancia enunciativa deja huellas de su presencia. En efecto, en todo discurso el enunciador y el enunciatario interactúan en el marco de un pacto contractual, donde ambos modalizan sus enunciados, y por ende, se modalizan entre sí.

Contexto metodológico

La retórica ha abordado, en general, la temática sobre las pasiones a partir del tratamiento del léxico de la afectividad, pero tal como señalé más arriba, mi intención en este trabajo consiste en explicitar el modo en el que el sujeto de la enunciación se convierte en sujeto de la observación, cuyas marcas pasionales se reflejan en su propio discurso. Para ello, en el Capítulo 1 expongo el contexto metodológico que he considerado el más adecuado para abordar mi análisis; la Teoría de la Polifonía Enunciativa (Ducrot, 1984) y la Teoría de la Argumentación en la Lengua (Anscombre y Ducrot, 1983) en sus argumentos más centrales.

Para O. Ducrot [1984] (1986), las emociones pueden "decirse" o "mostrarse" y mientras los enunciados asertivos son presentados como una evaluación racional sobre determinados datos del mundo, los enunciados exclamativos, por ejemplo, representan la enunciación como "arrancada del locutor a través de los sentimientos y sensaciones que experimenta". En este caso en particular, la

---

[4] Al respecto, resulta interesante el trabajo de E. Montolío, "Lingüística, retórica y procesos argumentativos en las corporaciones" (2006:31), en el que esta autora analiza la construcción discursiva de la objetividad en las resoluciones elaboradas por el Defensor del cliente de Endesa (empresa energética española). Concretamente:

> La construcción discursiva de la objetividad se consigue mediante diferentes procedimientos, algunos de índole macroestructural; otros de orden microestructural. Así en primer lugar, el emisor emplea el formato macroestructural de la resolución o quasi sentencia judicial, con algunas modificaciones textuales y lingüísticas que permiten a la resolución adaptarse a la actuación en el ámbito comercial (en lugar del jurídico administrativo). [...]

En el nivel lingüístico E. Montolío (*ibidem*) señala como recurso para marcar la manifestación ostensiva de la objetividad del locutor, "el uso de segmentos de carácter evidencial que señalan de manera patente que el acceso del Defensor a la información no es causal, sino que se basa en la labor de documentación, por lo que su decisión se reviste de un carácter técnico y objetivo".

enunciación se muestra como involuntaria y como surgida "de una experiencia atestiguada más que declarada" (Ducrot y Schaeffer, 1998: 672).[5]

Con los instrumentos de análisis provistos por este enfoque enunciativo-argumentativo abordo el análisis de los marcadores de evidencialidad directa –gramaticales y lexicales– como recursos polifónicos. Pero son los aportes de los estudios semióticos de la enunciación descriptiva en su dimensión cognoscitiva y pasional (Dorra, 1997 y 1999; Filinich, 1998, 2003; Fontanille, 1984 y 2001; Greimas, 1973; Greimas y Fontanille, 1994; Parret, 1995a y 1995b) los que me han permitido caracterizar estos evidenciales como recursos expresivo-valorativos. (Capítulo 2).

En síntesis, con las teorías enunciativas, argumentativas y semióticas, explicito el modo en el que el sujeto pasional, al describir lo que vio y sufrió durante la noche de la tragedia, *pathemiza* su enunciación –y al interlocutor– y, entonces, adviene a la superficie discursiva como un ser de pasión.

---

[5] Respecto de este tema, H. Parret (1995b:42-43) señala que en los filósofos que consideran la entonación y las interjecciones como prototipo de las expresiones emotivas existe una confusión con la idea misma de expresabilidad de las emociones. Según ellos, el acto de expresar un sentimiento y el acto de afirmarlo, es decir, hacer una declaración en relación con ese sentimiento, son actos diferentes. Para H. Parret, en cambio, la diferencia está más bien entre la expresión lingüística de una emoción (interjección o frase declarativa), por un lado, y la manifestación de una emoción por fenómenos corporales (movimientos del cuerpo, expresión del rostro), por el otro.

Capítulo 1

DE LA SUBJETIVIDAD EN EL LENGUAJE

La reflexión sobre las pasiones se ha abordado, en general, tanto desde la retórica como desde la crítica literaria, a partir del tratamiento del léxico de la afectividad; sin embargo, en este capítulo, expongo someramente los instrumentos de análisis de las teorías enunciativas, puesto que considero que constituyen el marco teórico más adecuado para analizar el discurso pasional de Cromañón. En el nivel del enunciado, me valgo del modelo dialogal y de la teoría de los afectos diseñada por Ch. Plantin y, como un modo de contextualizar los aportes de este autor, resumo los dos enfoques teóricos contrapuestos dentro de los que se articulan sus trabajos: el de la retórica, que instrumentaliza las pasiones, y el de la teoría de las falacias, que las rechaza por considerarlas un manejo manipulatorio y antirracional, que tiene por fin someter la voluntad del interlocutor por medios deshonestos.

En un segundo momento, me concentro en el nivel de la enunciación y expongo someramente los instrumentos de análisis de la Teoría de la Polifonía Enunciativa (Ducrot, 1984), de la Teoría de la Argumentación en la Lengua (Anscombre y Ducrot, 1983) y de los estudios semióticos de la enunciación pasional (Dorra, 1997 y 1999; Filinich, 1998, 2003; Fontanille, 1984 y 2001; Greimas, 1973; Greimas y Fontanille, 1994; Parret, 1995a y 1995b).

Si bien el Análisis del Discurso abarca tres dimensiones de análisis —el uso del lenguaje, la comunicación (cognición) y la interacción—, mi intención en este trabajo es centrarme solamente en la primera de estas dimensiones, es decir, en los recursos lingüísticos mediante los cuales las víctimas de la tragedia de Cromañón transmiten lo que percibieron y, por lo tanto, lo que padecieron la noche de la tragedia. Entonces, tomo del Análisis de Discurso solo aquel aspecto metodológico que comparte con los estudios enunciativos, es decir el interés por describir el tejido lingüístico, ya sea en el nivel que T. van Dijk (1989) llama "superficial" u "observable" (el de la expresión) o en el nivel más "profundo" o "subyacente" (el de la forma, el sentido y la acción).

En síntesis, expongo en este capítulo los finos instrumentos de análisis que proveen las teorías argumentativas y polifónico-enunciativas, tanto semánticas como semióticas, y que me permiten analizar los recursos perceptivos y pasionales del discurso de las víctimas de Cromañón, tanto en el nivel del enunciado, como en el de la enunciación.

El enunciado

Introducción

La retórica ha abordado el estudio de las pasiones a partir estudio del léxico de la afectividad: amor, envidia, orgullo, etc. Sin embargo, los trabajos sobre el discurso argumentativo aparecidos a partir de los años 50 –las teorías lógico-epistémicas (Toulmin, Perelman y Olbrechts-Tyteca)– son, según Ch. Plantin (2005:104), disciplinas alexitímicas[6] es decir, "que no tienen palabras para la emoción".

En efecto, estas teorías han rechazado la consideración de las emociones porque suponen que el discurso argumentativo, para mantener la pretensión de verdad, debe fundarse en la impasibilidad y en la impersonalidad, a pesar de lo cual la dimensión pasional está presente en el seno de este tipo discursivo. En otras palabras, tal como señala Ch. Plantin (1997:81) –cuyos trabajos retomo en esta parte de mi análisis– "emoción" y "razón" son dos conceptos inseparables en la argumentación:

> Se dice, apropiadamente, que el discurso argumentativo funda un "deber creer" ("Se está despejando", "Mañana estará lindo"); un "deber hacer" ("Está lindo, vamos a la playa"). Trataremos de demostrar que se puede, incluso, "argumentar las emociones" (sentimientos, padecimientos, afectos, actitudes psicológicas), es decir fundar si no una razón, al menos razones de un "deber sentir". Si se toman como punto de partida los datos lingüísticos, entonces se da cuenta de la orientación explícita de un discurso (D) hacia la expresión de un afecto (…).

---

[6] Ch. Plantin (2005:104) toma este término de la psicología (*a-lexis-thymos*: falta de palabras para la emoción) que describe a los pacientes que padecen enfermedades psicosomáticas y que a) no pueden expresar verbalmente sus afectos, b) no poseen vida interior, c) son propensos a recurrir a la acción, d) tienen tendencia a aferrarse a los aspectos materiales y objetivos de las situaciones y de las relaciones.

Pero como las emociones pueden ser analizadas no solo en el nivel del enunciado, sino también en el de la enunciación, utilizo el modelo dialogal y de la Teoría de los afectos diseñada por Ch. Plantin para analizar los recursos pasionales en el nivel del enunciado. En un segundo momento, valiéndome de las teorías enunciativas, me concentro en el nivel de la enunciación y analizo los recursos de evidencialidad que transforman al locutor en un ser de pasión.

Argumentación, retórica y emoción

Desde la Antigüedad, existen concepciones diferentes sobre el razonamiento. Aristóteles, por ejemplo, distingue por un lado la dialéctica, discurso teórico dirigido a un sujeto abstracto y, por el otro, la retórica, discurso dirigido a un interlocutor real, dotado de juicio pero también de pasiones e inmerso en un contexto sociocultural. Dentro de la primera línea, la dialéctica, los estudios de argumentación han soslayado tradicionalmente la consideración de los afectos o de la dimensión pasional porque han supuesto que el discurso argumentativo, para mantener su pretensión de verdad, debe fundarse en la impasibilidad y en la impersonalidad. Por el contrario, la retórica argumentativa aristotélica, orientada hacia la búsqueda de la persuasión, considera el uso argumentativo de las emociones por encima de la razón y del juicio. De hecho, según esta teoría, las emociones están ancladas a situaciones argumentativas de base, como el debate político o judicial.

Por otra parte, para la retórica aristotélica los modos de validación del discurso ante un auditorio concreto son tres: el *logos,* el *ethos* y el *pathos.* El primero conforma el conjunto de las pruebas proposicionales, mientras que el *ethos* —modo en que el locutor proyecta su imagen en el discurso— y el *pathos* —formas de manipulación emocional entre el locutor y el interlocutor— constituyen las pruebas no proposicionales o medios de persuasión (Plantin, 2005; Rinn, 2008). Vale aclarar que el hiperónimo *"pathos"* designa las pasiones de base tales como la cólera, la calma (dulzura y paciencia), la amistad, el odio, el temor, la confianza, la vergüenza, la obligación, la piedad, la indignación, la envidia y la emulación. Estas emociones son clasificadas a su vez por Cicerón y Quintiliano en emociones positivas (amistad, confianza, alegría, esperanza, piedad) o negativas (cólera, odio, temor, vergüenza, envidia). Por su parte, P. Charaudeau (2008) profundiza sobre la concepción de las emociones en el marco del discurso político en el que lleva a cabo su estudio. A este autor le parece importante "constatar que el *pathos* es constitutivo de un proceso de identificación social de los interlocutores, aunque igualmente humano" (*idem*:14).

Sin embargo, tal como señalé antes, salvo excepciones, los estudios modernos de la argumentación se han inclinado por la negación de los afectos y se han proclamado a favor de un discurso sin emociones, ya que las pasiones, para estos enfoques, constituyen una familia de las falacias –*i. e.* los sofismas *ad passiones*–, que deben ser identificados con la finalidad de eliminarse (Muñoz, 2008). Concretamente, tal como señala Ch. Plantin (1998) para la Teoría de las Falacias, concepción lógico-epistémica de las argumentaciones tal como aparecen en el lenguaje ordinario, los afectos son los mayores contaminantes del comportamiento discursivo racional. De allí, que las falacias sean consideradas *grosso modo* como un discurso análogo a un razonamiento válido, pero que pone en juego estrategias viciadas, tales como jugar con el sentido de las palabras, tomar el efecto por la causa, dar respuestas válidas, aunque sin correspondencia con la pregunta hecha o elaborar conclusiones que solo reformulan las premisas, etc.

Más cercanas en el tiempo, la nueva dialéctica o teoría "pragmadialéctica" (van Eemeren *et al.*, 2006), y la aproximación de D. Walton (1992), ilustran, según Ch. Plantin, dentro de la llamada "teoría estándar extendida" de las falacias, el modo en que se relacionan las emociones y la argumentación. Sin embargo, si bien es cierto que para D. Walton, el valor racional de las emociones se mide en relación con la función de contradiscurso de una determinada argumentación y para F. van Eemeren (van Eemern *et al.* (s/f.) ("Rhetoric in pragma-dialectics", en línea) las aproximaciones dialéctica y retórica para el análisis del discurso argumentativo son compatibles, es decir que el análisis dialéctico puede beneficiarse con la perspectiva retórica, no hay en ambos autores un tratamiento específico de las emociones.

D. Walton por ejemplo (1992:105-112), intenta validar la falacia *argumentum ad misericordiam* a través del análisis de las emociones. Según este autor, esta falacia puede ser considerada como "razonable" y "apropiada" cuando se vincula con valores compartidos tales como la "fraternidad" o la "caridad". En otras palabras, la consideración de las emociones y su validez dentro del discurso argumentativo está en estrecha conexión con los valores.

Por su parte, según van F. Eemeren *et al.* (2006:7) las estrategias retóricas, aunque evoquen "imágenes del arte de soslayar, evadir y acordar" son estrategias que posibilitan la resolución de una diferencia de opinión en beneficio propio; y agrega:

A primera vista, el objetivo retórico de obtener una posición favorable en la confrontación parece contrario al fin dialéctico de la resolución de la disputa, pero no es necesariamente siempre así. En la medida en que el que confronta no oscurezca la diferencia mistificando las posiciones mutuas o trate de inmunizar su punto de vista contra la crítica, no hay nada incorrecto en tratar de dar forma a la diferencia en el sentido que lo lleva a alcanzar una resolución que le permita triunfar en el debate. Lo único no admitido es ser contradialéctico, por ejemplo, reducir las posibilidades de alcanzar una resolución razonable de debate.

Pero a pesar de esta aproximación entre lo retórico y lo dialéctico, en el marco de la teoría normativa de D. van Eemeren *et al.*, las emociones siguen considerándose como violaciones de las reglas que regulan el debate. Efectivamente, las emociones violan dos de las diez reglas que regulan el debate, (la N° 1 y la N° 4), considerado como método de resolución de las diferencias de opinión. Según este autor (2006:120), la regla N° 1

Las partes no deben impedirse unas a otras el presentar puntos de vista o ponerlos en duda.

puede ser violada según D. van Eemeren *et al.* (*idem*:121) por amenazas físicas (falacia del garrote, *argumentum ad baculum*) o solapadas, como el chantaje emocional. Por ejemplo, presentar a la otra parte como estúpida o poco confiable para desacreditar la credibilidad de sus argumentos. O por la llamada "apelación a la piedad" (*argumentum ad misericordiam*) que consiste en presionar a la otra parte jugando con sus emociones. Un ejemplo de este tipo de falacia sería el argumento "¿Cómo pude haber reprobado mi tesis? He trabajado día y noche en ella".

Otro tipo de ataque personal es el que se dirige a la persona en cuanto tal (*argumentum ad hominem*) en lugar de hacerlo a los puntos de vista que dicha persona defiende. A su vez, los ataques personales pueden ser directos (variante abusiva), indirectos (variante circunstancial), mediante los cuales se exponen las sospechas sobre los posibles intereses personales en el punto de vista sostenido en la argumentación; y finalmente, la variante llamada "tú también" (*tu quoque*) mediante la cual se intenta "socavar la credibilidad de la otra parte señalando la contradicción en las palabras o en los hechos de esa parte, por ejemplo, una contradicción entre sus opiniones en el pasado y en el presente o entre lo que se dice y lo que se hace" (van Eemeren *et al.*, 2006:122).

En cuanto a la regla N° 4:

> Una parte solo puede defender su punto de vista, presentando una argumentación que esté relacionada con ese punto de vista (*idem*:128).

Según D. van Eemeren *et al.* existen dos tipos de violaciones: mediante la "argumentación irrelevante", en la que se presenta una argumentación que no tiene relación con el punto de vista adelantado en la etapa de la confrontación; o mediante la "no argumentación", solo en apariencia argumentación, que se utiliza habitualmente para convencer a la audiencia mediante la manipulación de sus emociones y sentimientos. Así, en la falacia patética, siguiendo las categorías clásicas sobre los medios de persuasión –*logos, ethos y pathos*–, el *pathos* toma el lugar del *logos* y se apela a las emociones de la audiencia que pueden ser positivas (seguridad, lealtad) o negativas (temor, codicia, vergüenza). Según estos autores (*idem*:130):

> Las apelaciones a los prejuicios y las emociones no son presentadas normalmente como si fueran argumentos. Con frecuencia, basta enfatizar en la forma emotiva de significar de algunos intereses o valores. La audiencia misma realizará la conexión necesaria entre aquellos y el punto de vista en discusión.

Pero además de los medios de persuasión retóricos como el *pathos*, el protagonista puede emplear también el *ethos* –según Aristóteles, el medio más efectivo– y así incrementar y manipular la confianza de la audiencia, mediante la insistencia en aspectos que se refieren a su propia persona tales como su experiencia, su credibilidad o su integridad.

Tal como he desarrollado en este apartado, podríamos resumir las posturas sobre la inscripción de las pasiones en el discurso argumentativo en dos enfoques contrapuestos: por un lado, el de la retórica, que instrumentaliza las pasiones y, por el otro, el de la teoría de las falacias, que las rechaza por considerarlas un manejo manipulatorio y antirracional, que tiene por fin someter la voluntad del interlocutor por medios deshonestos. Sin embargo, para Ch. Plantin (2005:103):

> Podríamos globalmente distinguir tres modos de considerar la emoción en la argumentación; por un lado, una visión de los afectos como esencialmente falaces; luego, una teoría del paralelismo, que encapsula las emociones en una "módulo emocional" paralelo al "módulo lógico". Finalmente, se puede sostener la tesis de la indiscernibilidad, según la cual es imposible construir un punto de vista, un interés, sin asociarlo a un afecto, las reglas de construcción y justificación de los afectos no son diferentes de las reglas de construcción y de justificación de los puntos de vista. Esta última posición parte de la constatación de la existencia irreductible de lo emocional en las situaciones argumentativas.

Es precisamente en este punto de articulación y de oposición entre la argumentación retórica y la argumentación lógico-epistémica donde se inscriben los trabajos de Ch. Plantin (1997, 2005) sobre la emoción. Dichos trabajos retoman los modelos retóricos y se concentran en la relación entre la razón y las emociones. De hecho, este autor desarrolla una teoría de los afectos en la construcción discursiva del contenido *pathémico*, indisociable según su enfoque, del contenido lógico del discurso.

La argumentación en la emoción

El abordaje de Ch. Plantin (1997, 1998, 1999 y 2003) sobre las emociones se inscribe en el marco de una aproximación lingüística de la comunicación argumentativa, que admite diferencias de grado de argumentatividad entre los enunciados discursivos. Según este autor, el manejo estratégico de las emociones es esencial para lograr la persuasión en el discurso retórico. Así, mediante la técnica retórica, el discurso desencadena una acción: "hacer pensar", "hacer decir", "hacer sufrir" y, finalmente, "hacer hacer". Pero para lograr la persuasión completa, es decir una total "adhesión del espíritu", es necesario orientar la voluntad del interlocutor mediante la conjunción de tres "operaciones discursivas": el discurso, entonces, debe "enseñar", "gustar" y "conmover" (*docere, delectare, movere*) (Plantin, 1997).

Por otra parte, hay argumentación de una emoción cuando el discurso justifica un padecer, para lo cual es necesario saber, por un lado, la conclusión que se persigue, es decir cuál es la emoción que se quiere construir argumentativamente y, en segundo lugar determinar, en palabras de Ch. Plantin, "quién padece qué".

Con respecto al primer punto, es necesario que la conclusión, *i. e.* la intención del discurso, esté relativamente bien explicitada o sea, reformulada como un enunciado de emoción, que atribuye un estado psicológico –designado por un término de emoción– a un sujeto determinado, actor del discurso. En este sentido y también en relación con el segundo punto, es decir "quién padece qué", la teoría de Ch. Plantin coloca en el centro de la escena argumentativa la "cuestión argumentativa", considerada como una interacción de tres roles –el proponente, el oponente y el tercero– los que desencadenan una reacción que obliga al locutor a oponerse críticamente al discurso ajeno.[7] Así, el proponente, cuya función es proponer, se corresponde con la opinión dominante, tal como está encarnada en la ley. El oponente, en cambio, mantiene un discurso negativo respecto de la proposición. Su función es entonces oponerse al discurso del proponente, ya sea de modo verbal o paraverbal. Finalmente, el tercero es el que duda o cuestiona, es decir, la figura que no se alinea sino que, por el contrario, transforma con su duda, la oposición en una cuestión argumentativa.

Por otra parte, tal como señalé antes, Ch. Plantin ahonda en los tipos de razones que sostienen una conclusión, pero que no tienen fuerza de argumentos. Este autor parte para el análisis del "discurso emitido" del análisis de tres nociones lingüísticas: la de la determinación de los lugares psicológicos, la del término de emoción o de los sentimientos y la del enunciado de la emoción. Por otra parte, el proceso que permite establecer el balance emocional de cada uno de los lugares psicológicos es el siguiente:

• Determinación de los actores del texto, que constituyen los lugares psicológicos potenciales. Se constituyen para ello paradigmas de designación, es decir el ensamblaje de términos (nombres comunes y propios) y expresiones que designan a los diferentes actores del texto.

• Determinación de las emociones designadas (directa o indirectamente) y de las emociones reconstruidas.

• Atribución de las emociones a los diferentes lugares psicológicos.

---

[7] Para este tema, véase también H. Maturana (1997).

1) Determinación de los lugares psicológicos

Al igual que las emociones, los lugares psicológicos, pueden ser potenciales o actualizarse en el devenir del discurso, por lo cual es posible establecer los "recorridos emocionales" de los diferentes estados psicológicos.

Según Ch. Plantin, un lugar psicológico puede ser tanto un sustantivo marcado [+Humano], pronombres indefinidos o demostrativos, o bien pronombres personales de primera y segunda persona, utilizados para designar o realizar una descripción definida o indefinida, tanto de seres humanos como de seres humanizados. Por otra parte, el lugar psicológico también puede ser atribuido al enunciador.

Según la regla de "sinceridad emocional", las emociones atribuidas al enunciador son las del sujeto hablante. Por lo tanto, tal como aclara Ch. Plantin (1997), si Pierre dice "*Paul llegó*", el enunciado refleja la creencia de Pierre, al igual que si habla de "estas masacres espantosas", muestra su sentimiento de horror, a riesgo de mentir emocionalmente. Estas consideraciones juegan un rol esencial en la construcción del *ethos*. Sin embargo, el texto no atribuye forzosamente los sentimientos a cada no de los lugares psicológicos que pone en escena. Según Ch. Plantin (1999), el sujeto psicológico está explícitamente designado por un término del enunciado de emoción. Así en "*Lucas es un personaje repugnante*", Lucas no es forzosamente el lugar psicológico de la repulsión puesto que se puede encadenar sin contradicción con el enunciado "… al que estimo mucho". La noción de lugar psicológico se extiende, entonces, a enunciados donde el lugar psicológico es el enunciador, en el ejemplo, el argumentador que opera *ad hominem*. Ch. Plantin propone como enunciado de sentimiento la fórmula {argumentador: repugnancia} y, para dar cuenta del hecho de que el enunciado caracteriza a Lucas exclusivamente (a diferencia de, por ejemplo, "*Encuentro que Lucas es un personaje repugnante*" o "*Lo encuentro repugnante*"), sostiene para el enunciado de emoción la fórmula {se: repugnancia}.

2) Determinación de las emociones designadas

Según Ch. Plantin, (1998) es necesario identificar los términos de la emoción para poder relacionarlos con los lugares psicológicos. Existen contenidos emocionales explícitos e implícitos cuya organización reproduzco, siguiendo a este autor, en los siguientes apartados:

a) Designación directa de la emoción:
- Sustantivos de base de sentimientos / emoción mediante los cuales pueden obtenerse derivados morfolexicales: así de *odio* se obtiene *odiar, odioso,* etc.
- Verbos de sentimiento.
- Listas de términos que constituyen el campo de la afectividad es decir, "las emociones, los sentimientos, los estados" elaboradas por lingüistas y psicólogos.

b) Designación indirecta, reconstrucción sobre la base de indicios lingüísticos:
- Términos de colores. En el enunciado *"Pierre se sonroja"*, no existe ningún indicio que señale que el enrojecimiento se debe a una emoción de Pierre; de hecho, puede deberse a que tomó alcohol o a que está acalorado. Sin embargo, en otro contexto podría pensarse que dicho enrojecimiento se debe a la manifestación de determinadas emociones tales como la ver-güenza o la furia (mientras que quedan excluidas otras como el miedo). Ch. Plantin establece la convención entre barras oblicuas /miedo/, /ver-güenza/ para señalar las emociones reconstruidas.
- Verbos que seleccionan una emoción y rigen un sustantivo: por ejem-plo, el verbo *"consumir"*: la furia, los celos, la rabia, los remordimientos, la tristeza.

c) Designación indirecta, reconstrucción sobre la base de lugares comu-nes situacionales y actitudinales:
La relación entre ciertas emociones y determinados lugares comunes está convencionalizada culturalmente. Del mismo modo, los enunciados descriptivos de actitud se pueden interpretar como indicios de determi-nadas emociones en la medida en que la expresión motriz también está convencionalizada en cada cultura. Así, por ejemplo, bajar la cabeza es el estereotipo de /tristeza/, /vergüenza/; y fruncir la frente alude a /perple-jidad/, /preocupación/.

3) Atribución de las emociones a los diferentes lugares psicológicos
Hay ciertos enunciados como *"Pierre reflexiona"* donde surge el problema de la diferenciación entre lo cognitivo y la emoción, ya que, de hecho, la

"reflexión" no puede considerarse en sí misma una emoción. Efectivamente, tal como señala Ch. Plantin ciertos términos como "confusión" son polisémicos y merecen una reflexión más profunda que la meramente terminológica.

A partir de los lugares psicológicos que han sido inventariados, de las emociones designadas y de las emociones reconstruidas y asignadas a sus lugares psicológicos, se puede redactar el inventario de los enunciados de emoción. Es posible proceder al reagrupamiento, es decir, reconstruir el perfil emocional de un actor del discurso. Evidentemente, ese perfil puede evolucionar en el curso de un intercambio o de un texto, y de ese modo el actor puede pasar por ejemplo, de la vergüenza al orgullo.

Tópico de las emociones

Lo expuesto hasta aquí permite, según Ch. Plantin (1998), realizar un primer recorrido textual y una primera asignación de las emociones designadas, directa o indirectamente. Este autor analiza como *argumentos para una emoción* aquellos enunciados que no contienen términos de emoción, pero que de todos modos están orientados hacia una emoción. Así, considera como "argumento" a todo enunciado que contiene uno o más "rasgos argumentativos" y, para dar cuenta del hecho de que se trata de marcadores de orientación emocional, denomina *"pathemas"* a esos rasgos argumentativos emocionales.

Por cierto, lo que trata de precisar Ch. Plantin son los principios generales que regulan esta orientación hacia la emoción, de allí que incursione en las reglas emanadas de la retórica antigua y clásica, así como en los aportes del análisis del discurso, de la pragmática y de la psicología, aunque considera que el conjunto de reglas más completas para el análisis del componente cognitivo de las emociones es el propuesto por K. Scherer (1984).

A continuación, de las reelaboraciones que Ch. Plantin hace sobre el tratamiento de las emociones en las distintas corrientes analíticas[8], expongo en

---

[8] Se trata de las técnicas de la emoción en la retórica antigua (Lausberg, [1960] 1976), los principios de la inferencia emocional de Ungerer (1995), las dimensiones psicológicas y lingüísticas de las emociones (Caffi & Janney, 1994a y 1994b) y el componente cognitivo de las emociones (Scherer, 1984).

detalle solamente la de la *Retórica* de Aristóteles. En efecto, más adelante aplico el tratamiento de los *topoi* argumentativos a la carta de lectores.

• *Tópicos de la emoción*

Ch. Plantin retoma de la *Retórica* de Aristóteles uno de sus objetivos esenciales que consiste en establecer el inventario de *topoi*, es decir de puntos de vista, así como de los tópicos o lugares comunes mediante los cuales puede ser tratado un tema.

Según Ch. Plantin (2003), un tópico es un conjunto de reglas que gobiernan la producción de los argumentos; de modo más general, un tópico puede definirse como un sistema de explicitación de lo real o de recolección de la información con finalidades narrativas, descriptivas o argumentativas. Si bien los tópicos poseen diferentes grados de generalidad, el más general tiene la forma célebre: "quién ha hecho qué, cuándo dónde cómo, por qué...". Por otra parte, los tópicos también pueden corresponder a dominios específicos y funcionar, entonces, en una comunidad homogénea. Ch. Plantin pone como ejemplo el tópico de la deliberación política que está constituido por el conjunto de cuestiones que conviene tomar en cuenta antes de adoptar o de rechazar determinada medida de interés general. Por otra parte, cada uno de los *topoi*, además de poder recibir la forma afirmativa, interrogativa o imperativa, sirve de base para señalar las emociones –directas o indirectas– presentes en cada uno de los argumentos. Ch. Plantin (2003) elabora una tabla tomando como fuente los principios retóricos clásicos, los principios de inferencia emocional de F. Ungerer (1995), las categorías lingüísticas de la construcción de la emoción de C. Caffi & R. W. Janney (1994*a* y 1994*b*) y el sistema de facetas teorizadas por K. R. Scherer (1984). Además, encabeza cada entrada de la tabla con una pregunta retórica que alude al vínculo entre el evento y las emociones.

Tópico de las emociones
(Adaptado de Plantin, 2003)

T1: ¿Qué?	*Matrimonio / funeral; hazaña / derrota; mala acción / buena acción; amigo / enemigo*
T2: ¿Quién?	*Mujeres, niños, el presidente, un mendigo, personajes notables.*
T3: ¿Cómo?	*Se habría dicho un campo de batalla.*
T4: ¿Cuándo?	*A sus 20 años, Muerto en la guerra el 10 de noviembre de 1918.*
T5: ¿Dónde?	*El camión explota en un camping. / Muerte en una catedral.*
T6: ¿Cuánto?	*La mayor catástrofe aérea de todos los tiempos. / Una terrible explosión.*
T7: ¿Por qué?	*El accidente fue provocado por un desmoronamiento del terreno / por un conductor ebrio.*
T8: ¿Para qué?	*Se dice que nuestro franco es fuerte y ¡se necesitarán siete para tener un solo euro!*
T9: ¿Normas?	*La patria está en peligro.*
T10: ¿Control?	*Inexorablemente…*
T11: ¿Distancia a ψ?	*Los extranjeros. / La gente como vos o como yo.*
T12: ¿Consentimiento?	*¡Buenísmo!*

Topos 1 (¿Qué?): Contenido emotivo del evento

Este *topos* se asocia a los preconstruidos eufóricos y disfóricos (pulsión de vida / pulsión de muerte) y también a las reglas retóricas de la *mímesis* emocional "Describa hechos conmovedores puesto que los contenidos emotivos engendran emoción". También se capta el "Principio de animacidad" de Ungerer. Se pude asimilar en parte el principio "Se drástico" de Ungerer a las reglas retóricas R4 y R4' sobre la dramatización de las cosas indiferentes (cf. también el *topos* T6).

Topos 2 (¿Quién?): Personas afectadas y emoción

La emoción varía de acuerdo con la persona afectada. De hecho, no hay duda de que la muerte de un niño afecta más que la de un viejo, y que ganar la lotería no suscita los mismos sentimientos si quien la gana es una persona rica que si se trata de una familia carenciada. T2 capta el "Principio de rango" de Ungerer. Pero hay que tener en cuenta que los hechos que afectan a la gente pobre también conmueven de un modo particular. Por ejemplo, no provoca el mismo sentimiento el asesinato de un mendigo que el de un delincuente. El primer hecho provoca indignación, mientras que el segundo, perplejidad o rechazo.

Topos 3 (¿Cómo?): Dominios sensibles y analogía

¿Con quién se relaciona este hecho? ¿Qué clase de acontecimiento revela? En otras palabras, este *topos* incluye dominios especialmente "sensibles" a los cuales se puede aludir mediante metáforas o símiles. Ch. Plantin retoma de F. Ungerer la importancia del uso de analogías en la producción de las emociones.

Topos 4 (¿Cuándo?): Construcción emotiva del tiempo

El modo en que se construyen temporal y aspectualmente los hechos, es decir su inclusión o no en la temporalidad subjetiva, tiene una estrecha relación con las emociones. La consideración del tiempo es esencial en la medida en que la sorpresa, por ejemplo, es un componente de la emoción. T4 corresponde a la faceta F1 de Scherer y se relaciona también con las técnicas retóricas de cronografía.

Topos 5 (¿Dónde?): Construcción emotiva del espacio

Existen lugares que están más fuertemente asociados con la emoción que otros. Tal es el caso de un cementerio o de un campo de batalla. Ch. Plantin relaciona este *topos* con la faceta F10 de Scherer y con las técnicas retóricas de la topografía. Su subjetivación se relaciona con el "Principio de proximidad" de Ungerer. En combinación con T11 (distancia de ψ, T4 y T5 reconstruyen el acontecimiento según las coordenadas espacio-temporales de la víctima según el eje proximidad, lejanía ("en Srebrenica", "en cualquier parte en los Balcanes", "a dos horas de avión de París", "en este preciso momento").

Topos 6 (¿Cuánto?): Magnitud del evento y dimensión emotiva
La emoción está ligada al número de personas afectadas por el acontecimiento y puede nacer de una oposición entre uno / muchos. T6 se corresponde con el principio "Sé drástico" y el "Principio de número" de Ungerer y con la dimensión de cantidad de Caffi & Janney.

Topos 7 (¿Por qué?): Causa/agente y variación emotiva
Este *topos* se relaciona con las facetas F3 y F11 de Scherer. Se trata del modo en que la imputación de la responsabilidad afecta a las emociones. Por ejemplo, que un accidente haya sido una casualidad, es decir un hecho fatal, sin responsabilidades directas, provoca dolor, en cambio, si una tragedia se debe a un acto deliberado, provoca cólera.

Topos 8 (¿Para qué?): Proyección emotiva del evento: las consecuencias
Se relaciona con las predicciones que pueden emanar de un evento determinado y que pueden desencadenar una serie de emociones. Corresponde a las facetas F6, F7 y F8 de Scherer.

Topos 9 (¿Normas?): Valor emotivo de normas culturalmente establecidas
Este *topos* cubre la relación de las emociones con otros valores. Se corresponde con la faceta F5 de Scherer y con el "Principio de evaluación emocional" de Ungerer: "Evalúe de acuerdo con las normas de su cultura" y más precisamente, con las normas del destinatario. En otras palabras, son las normas sociales registradas por la memoria colectiva y que varían de una sociedad a otra.

Las emociones se marcan fundamentalmente por la división de valores e intereses. Ch. Plantin da un ejemplo extremo para el que hay que suponer que ψ asiste a la muerte de ψ' y yo no conozco nada de las emociones que conviene atribuir en función de ese hecho; es necesario conocer la relación $\psi \psi'$: ¿pertenecen al mismo campo? Es decir, hay comunidades emocionales tanto como comunidades discursivas y comunidades de intereses. En el caso de los sentimientos ligados a la muerte, la gama emocional cubre el siguiente espectro:

- Emociones del tipo /alegría/: alegría, festejo, exultación.
- Emociones del tipo /indiferencia/: indiferencia, apatía.
- Emociones del tipo /dolor/: dolor, abatimiento, tristeza o del tipo /cólera/: con eventuales deseos de venganza.

De un modo general, en el caso de una situación conflictiva, se puede postular que se aplique un principio de "complementariedad" de las emociones: "la felicidad de unos hace desgraciados a los demás".

Topos 10 (¿Control?): Subjetividad y emoción
Este *topos* se refiere a las marcas explicitadas en el argumento sobre la distancia (cerca o lejos), el grado de nitidez (clara o difusa) y el grado de asertividad con el que se presentan los hechos y que dan cuenta del grado de compromiso del enunciador y de sus emociones. Se relaciona con la faceta F4 de Scherer y también con ciertos elementos etiquetados por Caffi & Janney como "rasgos de proximidad, especificidad, evidencialidad y volicionalidad" (1994*b*:356-358).

Topos 11 (¿Distancia a ψ?): Focalización subjetiva de la producción de emociones
Se refiere al grado de proximidad o de intimidad de ψ. Se relaciona con la faceta F12 de Scherer y con los elementos que entran en la dimensión "control" de Caffi & Janney. Los *topoi* precedentes admiten interpretaciones absolutas o relativas en un sujeto ψ. La primera interpretación correspondería a la génesis de la emoción anclada en una acontecimiento en lo absoluto. La segunda envía el acontecimiento a un punto de vista particular: el acontecimiento está +/- "para ψ", implica o no a las personas a las que está ligado, entra o no en su sistema de emociones fijado, está cerca o lejos de ψ temporal o espacialmente, las causas y las consecuencias que conciernen o no a ψ, que entran o no en su sistema de valores. T11 explicita esta focalización subjetiva de la producción de las emociones. En otras palabras, el lugar subjetivo desde el cual el argumentador presenta los hechos, permite establecer su grado de compromiso con la argumentación planteada. Por ejemplo, si habla desde una postura personal o como representante de una colectividad.

Topos 12 (¿Acuerdo?): Evaluación global del evento
Este *topos* es a la vez elemental y conclusivo, y corresponde a la evaluación global del acontecimiento. Cf. el eje agradable / desagradable de los psicólogos y de Caffi & Janney, como también el "Principio de evaluación emocional" de Ungerer.

La enunciación

La Teoría de la Polifonía Enunciativa (TPE)
Introducción

Hace ya casi cerca de 30 años, en el campo de la lingüística francesa, fueron J.-C. Anscombre y O. Ducrot quienes pusieron en la mira la necesidad de revisar ciertos axiomas que parecían dominar el eje de las investigaciones lingüísticas hasta aquel momento. Efectivamente, con la Teoría de la Argumentación en la Lengua (TAL) (Anscombre y Ducrot [1983], 1994) y con la Teoría de la Polifonía Enunciativa (TPE) (Ducrot [1984], 1986), estos lingüistas destacaron la presencia de la subjetividad como rasgo característico de la lengua y cuestionaron, por un lado, el postulado sobre la unicidad del sujeto hablante, es decir la concepción de la existencia de un único autor y responsable del enunciado y, por el otro, el carácter exclusivamente informativo de la lengua, según el cual su función primaria sería la de describir la realidad.

J.-C. Anscombre y O. Ducrot iniciaron una corriente teórica que retomó los estudios pioneros de É. Benveniste [1971] (2002), gracias a la cual la modalidad, como expresión de la subjetividad del hablante, comenzó a ser considerada en la década del 60 uno de los aspectos centrales del proceso de enunciación y parte constitutiva del sentido de todo enunciado. En efecto, hasta el enunciado aparentemente menos marcado, evidencia la perspectiva implícita del sujeto de la enunciación.

Pero no solo la ciencia lingüística se ocupó de la subjetividad en el lenguaje; también la lógica modal ahondó en la relación de las proposiciones con categorías tales como la verdad (modalidad alética), el deber (modalidad deóntica) y el saber (modalidad epistémica). Esta última, la modalidad epistémica, al aludir a la subjetividad del hablante en relación con el ámbito del saber, se relaciona estrechamente con otra categoría, la evidencialidad, con la que el hablante puede hacer referencia al modo en que ha adquirido la información que transmite su enunciado, de modo directo o indirecto. En el primer caso, puede haber visto, olido o escuchado esa información; en el segundo caso, es decir, en el modo indirecto, puede haberla inferido o haberse enterado por el discurso de otra persona.

Entonces, el modo en que se ha adquirido el conocimiento se relaciona con el grado de certeza del locutor frente a lo que dice (modalidad epistémica). Sin embargo, la modalidad afectiva también está en estrecha relación con la evidencialidad directa, a tal punto que, al menos para las sociedades occidentales, el conocimiento más seguro y el que sin duda inflige mayor sufrimiento, es aquel que se ha visto con los propios ojos. De allí el proverbio que al decir de O. Ducrot, funciona como garante argumentativo: "Ojos que no ven, corazón que no siente".

Tal como señalé más arriba, O. Ducrot (1988) rechaza el postulado de la unicidad del sujeto hablante y se opone así a la tradición de los estudios lingüísticos que consideraban hasta aquel momento la existencia de un único autor y responsable del enunciado. En efecto, y como una extensión de los aportes de M. Bajtin [1952] (1979) sobre literatura, O. Ducrot concibe el sentido del enunciado como la superposición de distintas voces virtuales, es decir, como una escena de teatro en la que se cristalizan voces abstractas llamadas enunciadores, que son introducidas en escena por el locutor, personaje también ficticio al que el enunciado le atribuye la responsabilidad de la enunciación.

La idea fundamental que subyace, entonces, al enfoque polifónico de la enunciación es que el empleo mismo de las palabras introduce en el sentido del enunciado puntos de vista argumentativos o *topos*, que son convocados por los enunciadores a propósito de un determinado estado de cosas. El sentido de una palabra radica entonces en el haz de *topoi* cuya aplicación autoriza. Dicho de otro modo, calificar un objeto por medio de una frase es evocar discursos posibles a propósito de ese objeto.

Las figuras enunciativas

Entre los autores eventuales de la enunciación inscriptos en el sentido mismo del enunciado, O. Ducrot distingue dos tipos de personajes: el/los locutor/es y los enunciadores. El L (locutor) es presentado como el responsable de la enunciación y no necesariamente coincide con el sujeto empírico, es decir con el hablante efectivo que profiere el enunciado. El L es en realidad el personaje discursivo a quien representa el pronombre "yo" y las distintas marcas de la primera persona. Sin embargo, estas marcas subjetivas remiten en general a un solo L, aunque existen enunciados que presentan una pluralidad de responsables, como en el discurso referido en estilo directo, entre otros, en el que una parte del enunciado que globalmente se le atribuye a un L_1 debe ser imputada a un L_2.

En cuanto a los enunciadores, O. Ducrot los define como puntos de vista sostenidos en la enunciación a los que no necesariamente se les atribuyen palabras precisas. Estas figuras se sitúan entonces en un nivel diferente al del L: mientras este es el responsable de la enunciación, los enunciadores son el origen supuesto de las diversas representaciones que tienen lugar en ella. Por otra parte, pueden asimilarse a personas diferentes del L, el que, a su vez, puede adoptar actitudes diversas con respecto a ellos: asimilárseles, manifestar su acuerdo u oponerse. En el caso de la asimilación, el punto de vista sostenido constituirá el objetivo de la enunciación. En el segundo caso, el del acuerdo, el punto de vista del enunciador es asimilado a una cierta voz colectiva dentro de la cual se encuentra incluida la del mismo locutor. Es el caso de la presuposición. Finalmente, el L puede oponerse a los enunciadores haciéndolos aparecer como injustificados. Es lo que ocurre en los enunciados negativos que presentan su enunciación como el surgimiento de dos puntos de vista, *i. e.*, de dos enunciadores que aplican las dos formas tópicas conversas de un mismo *topos*. En palabras de M. M. García Negroni (1998*a*:42):

> Subrayemos que si la elección de los enunciadores siempre es responsabilidad del locutor, este no siempre es responsable del punto de vista que ellos adoptan. Puestos en perspectiva, jerarquizados uno con respecto a otros, los enunciadores pueden ser asimilados a personas diferentes del locutor, el que por lo tanto puede adoptar actitudes diversas con respecto a ellos.

Para ejemplificar la multiplicidad de voces presentes en la enunciación, O. Ducrot, presenta el siguiente ejemplo:

(1) A: —Hace calor, vayamos a la playa.
  B: —Sí, hace calor, pero estoy muy cansado.

Como puede observarse, en (1) L_2 en la réplica de B, retoma a manera de eco, parte del enunciado de L_1, "hace calor". Sin embargo, L_2 se distancia de la otra parte del enunciado de L_1 "vayamos a la playa" e introduce un nuevo punto de vista "estoy muy cansado" que orienta a una conclusión contraria a la de L_1 y con la que L_2 se identifica. Por otra parte, O. Ducrot distingue la figura de L, en tanto locutor como tal y responsable del discurso, de la de λ, en tanto locutor como ser del mundo. Dicho de otro modo, el locutor puede aparecer en el discurso como L o como λ, figura que O. Ducrot (1984:204) describe como una "persona completa" que da origen al enunciado. Pero λ no debe identificarse con el sujeto hablante, dado que, al igual que L no es una figura externa a la enunciación, sino que pertenece a la enunciación misma:

> L es el responsable de la enunciación considerado únicamente en virtud de esta propiedad. λ es una persona "completa" que entre otras propiedades posee la de ser el origen del enunciado; lo que no impide que L y λ sean seres del discurso, constituidos en el sentido del enunciado, y cuyo estatuto metodológico es por tanto enteramente distinto del sujeto hablante (este corresponde a una representación "externa" del habla, extraña a la que el enunciado vehiculiza).

O. Ducrot (*ibidem*) ejemplifica las diferencias entre L y λ con las interjecciones. Según este autor, una interjección presenta su enunciación como desencadenada por el sentimiento que ella expresa:

> Al decir *¡Ay!* o *¡Qué bien!*, tiñe uno de tristeza o alegría su propia manifestación: si la palabra hace conocer esos sentimientos, es porque ella misma es triste o alegre. A quien se contenta con decir "estoy muy triste" o "soy muy feliz", eventualmente se le puede hacer notar que, considerándolo en su actividad de habla, no parece ni triste ni feliz.

Dicho de otro modo, las interjecciones y las exclamaciones (Grande Alija, 1999-2000) se presentan en el discurso como arrancadas del locutor por la emoción misma que expresan y son entonces atribuidas a L; pero esa misma emoción reflejada en una oración declarativa, muestra la presencia de λ, que enuncia sus sentimientos mediante dichas oraciones:

> Es que el sentimiento, en el caso de los enunciados declarativos, aparece como exterior a la enunciación, como un objeto de la enunciación, mientras que las interjecciones sitúan el sentimiento en la enunciación misma, pues esta se presenta como el efecto inmediato del sentimiento que expresa (1984:204-205).

Según O. Ducrot, el ser que designa el pronombre "yo" es siempre λ, aunque su identidad no sea accesible sino a través de su manifestación como L, y es λ, es decir "el ser del mundo" quien, entre otras propiedades, posee la de enunciar su tristeza y alegría mediante enunciados declarativos, mientras que el ser al que se le atribuye el sentimiento en sí mismo de alegría o de tristeza, es decir L, es el locutor considerado en su compromiso enunciativo.

O. Ducrot (1984:205) completa la distinción entre las figuras de L y λ con el concepto de *ethos* extraído de la retórica y definido como la imagen favorable que da el orador de sí mismo durante su alocución, "imagen que seducirá al oyente y captará su benevolencia". Pero O. Ducrot aclara que no se trata de lo que el orador dice de sí mismo en el contenido de su discurso, sino "de la apariencia que le confieren la cadencia, la calidez o severidad de la entonación, la elección de las palabras, de los argumentos (elegir o desdeñar determinado argumento puede resultar sintomático de cierta cualidad o de cierto defecto moral)". En otras palabras, el *ethos* es atribuido a L, el locutor como tal, mientras que lo que el orador dice de sí mismo en cuanto objeto de la enunciación se le atribuye a λ, el ser del mundo. O. Ducrot señala que la diferencia entre L y λ queda claramente patentizada en la autocrítica, en la cual L obtiene el apoyo del público por el modo en que humilla a λ.

La negación resulta otro claro ejemplo de las diferencias entre las figuras enunciativas, de allí que en el próximo apartado, caracterice los distintos tipos de negaciones a la luz de la Teoría de la Polifonía Enunciativa.

La negación

Para O. Ducrot (1986:219) "... la mayoría de los enunciados negativos (más adelante explicaré por qué digo solamente 'la mayoría') hacen aparecer su enunciación como el choque de dos actitudes antagónicas; una positiva, imputada a un enunciador E_1, y la otra, que es una negativa de la primera, imputada a E_2".

Tal como puede verse en (2), el locutor L que asume la responsabilidad del enunciado "Pedro no es amable" pone en escena el punto de vista de dos enunciadores, E_1 según el cual Pedro es visto a la luz de su amabilidad y E_2 que se opone a E_1:

(2) Pedro no es amable.

E_1: Pedro es amable.
E_2: Pedro **no** es amable.

Pero si bien detrás de todo enunciado negativo subyace uno positivo, O. Ducrot (*op. cit*:220) señala que no ocurre lo mismo con la afirmación puesto que "… la afirmación está presente en la negación de una manera más fundamental de lo que la negación está presente en la afirmación". Y para demostrar esta asimetría, recurre a la expresión *al contrario* y explica que después de un enunciado como "Pedro no es amable" se puede decir algo así como "Al contrario, es odioso", pero ¿a qué es contrario "odioso"? –se pregunta–. Y concluye en que no es "contrario" al primer enunciado tomado en su totalidad, sino al punto de vista positivo que este niega y vehiculiza a la vez, es decir a "es amable". De allí que si el primer enunciado es positivo, sería imposible enunciar "Pedro es amable. Al contrario es adorable".

A continuación, expongo los tres tipos de negaciones que caracteriza O. Ducrot (1986:221 y ss.): la negación polémica, la descriptiva y la metalingüística:

• *Negación polémica*

Tal como vimos en (2), en la negación polémica el L pone en escena el punto de vista de dos enunciadores antagónicos, E_1 punto de vista de la aserción rechazada y E_2 enunciador del rechazo con el cual se asimila el locutor. Para ejemplificar este tipo de negación, retomo el ejemplo dado por M. M. García Negroni y M. Tordesillas (2001:206) para el cual hay que suponer que luego de una cena familiar el marido de la dueña de casa, que ha sido la que preparó la cena, le señala que la basura ha quedado sin tirar, a lo que la mujer le responde:

(3) Yo no puedo hacerlo todo.

Tal como señalan estas autoras en (3) el locutor al que se le atribuye la responsabilidad de la enunciación queda asimilado a la figura de la mujer que se identifica con el punto de vista de E_2:

E_1 responsable del punto de vista según el cual la mujer podría hacerlo todo.
E_2 responsable del punto de vista del rechazo de E_1.

Es decir, que en (3) el L se opone a E_1 "pero en la situación imaginada, este punto de vista absurdo queda además atribuido al interlocutor lo que explica el efecto por cierto algo agresivo de la réplica" (*ibidem*).

Otra de las características de la negación polémica es que permite conservar las presuposiciones del enunciado positivo subyacente (Ducrot, 1986:222). Así en (4) el L aserta "Juan no fuma más", se asimila a E_2 responsable del contenido expuesto y presupone "Juan fumaba antes", punto de vista de E_1.

(4) Juan dejó de fumar.
(4') Juan no dejó de fumar.

Dicho de otro modo, el enunciado (4) permite llevar a cabo un acto primitivo de aserción ("Juan no fuma ahora") y un acto derivado de presuposición ("Juan antes fumaba"). Por su parte, (4') es una negación polémica y, como tal, solo concierne al punto de vista expuesto, es decir, el que sostiene E_2 y no al presupuesto ("Juan fumaba antes") que queda inalterado. De allí la interpretación "Juan sigue fumando".

La tercera y última característica de la negación polémica es su efecto siempre descendente que explica la lectura "menos que". Así en los siguientes enunciados que tomo de M. M. García Negroni y M. Tordesillas (2001:208), y debido a la "ley de inversión argumentativa" por la cual los enunciados negativos se encuentran en la escala inversa de la de los enunciados positivos correspondientes, (5) es interpretado como (5') y no como (5"):

(5) Juan no es inteligente.
(5') Juan es menos que inteligente.
(5") Juan es más que inteligente.

• *Negación descriptiva*

Analizada como un derivado delocutivo de la negación polémica, en la negación descriptiva el aspecto polémico queda atenuado o borrado, lo que permite "representar un estado de cosas sin que su autor presente su palabra como oponiéndose a un discurso adverso" (Ducrot, 1986:221). O. Ducrot presenta los siguientes ejemplos como posibles respuestas a las preguntas imaginarias que

A le hace a B sobre el estado del tiempo en (6) o sobre el modo de ser de Pedro, porque no lo conoce en (7):

(6) No hay una sola nube en el cielo.
(7) No es inteligente.

Según O. Ducrot, estas respuestas serían perfectamente parafraseables mediante los enunciados afirmativos: "El cielo está absolutamente despejado" y "Pedro es un imbécil" (*ibidem*). Por otra parte, este autor analiza la negación descriptiva como un derivado delocutivo de la negación polémica, puesto que considera que si se puede describir a Pedro diciendo "Él no es inteligente" "es porque le atribuyo la propiedad que justificaría la posición del locutor en el diálogo cristalizado subyacente a la negación polémica: decir de alguien que no es inteligente es atribuirle la (seudo) propiedad que legitimaría oponerse a un enunciador que ha afirmado que es inteligente" (*idem*:222).

• *Negación metalingüística*

Según O. Ducrot (1986), este tipo de negación no opone como la negación polémica los puntos de vista de dos enunciadores contrapuestos puestos en escena por un mismo locutor, sino dos locutores distintos o un mismo locutor en momentos diferentes (en tanto locutor y como ex locutor). Además, la negación metalingüística suele aparecer seguida de un enunciado correctivo que introduce la rectificación que reemplaza el foco de la negación. Por otra parte, también en contraposición con la negación polémica, la metalingüística puede anular los presupuestos que surgen del enunciado positivo y subyacente y, entonces, sitúa al locutor en un espacio discursivo diferente al evocado por la palabra que descalifica. Esto es lo que sucede según O. Ducrot (1986:221-222) en:

> [...] "Pedro no ha dejado de fumar; en realidad, nunca en su vida fumó". Este "no ha dejado de fumar", que no presupone que "antes fumaba", solamente es posible en respuesta a un *locutor* que acaba de decir que Pedro ha dejado de fumar (por otra parte exige explicitar el cuestionamiento del presupuesto anulado, bajo la forma por ejemplo de un "nunca en su vida fumó").

En cuanto al tipo de interpretación que desencadena este tipo de negación, tal como señala M. M. García Negroni (1998*b*:231), "cuando lo que está en juego es un predicado escalar, la negación metalingüística, descalificadora del marco discursivo evocado por la enunciación, no desencadena jamás una lectura o interpretación descendente". En efecto, el rechazo al marco del discurso desencadena en estos casos, o bien un efecto contrastivo (lectura "contrario a"), o bien un efecto ascendente (lectura "más que"), o bien "diferente a", en cuyo caso la negación evoca una escala extrema o extraordinaria que es diferente a la escala ordinaria objeto de la descalificación. En palabras de O. Ducrot (1986:222) "Se puede decir 'Pedro no es inteligente, es genial', pero solo como respuesta a un *locutor* que efectivamente ha calificado a Pedro de inteligente".

Como señalan M. M. García Negroni y M. Tordesillas (2001:209),

> entre otros usos específicos, la negación metalingüística permite cuestionar el empleo de un término o grupo de palabras en virtud de alguna regla sintáctica, morfológica, social, etc. que queda puesta de manifiesto en el enunciado correctivo posterior.

Esta característica puede observarse en el ejemplo (8) que tomo de M. M. García Negroni (1998*b*:233), en el cual el enunciado correctivo resulta obligatorio:

(8) L1: Juan ya se fue al laburo.
   L2: No, no se fue al *LABURO*. Se fue a su trabajo.

Finalmente, la negación metalingüística, tal como demuestra el ejemplo anterior, se caracteriza por un entorno prosódico de énfasis –*LABURO*– que, tal como señala M. M. García Negroni, "si bien no determina la interpretación, la favorece claramente sobre todo en aquellos caos en los que el enunciado negativo no aparece seguido de rectificación" (*ibidem*).

La Teoría de la Argumentación en la Lengua (TAL)

Como señalé antes, el postulado básico de la TAL acerca de que el sentido de una entidad lingüística no es nada más que un conjunto de discursos que esa entidad evoca (Ducrot, 2004), me permite analizar los recursos con los cuales los testimoniantes describen lo percibido la noche de la tragedia sin hacer referencia al mundo físico o a la realidad extralingüística, es decir, circunscribiéndome al orden estrictamente discursivo. Pero veamos con mayor detenimiento los postulados básicos de esta teoría.

J.-C. Anscombre y O. Ducrot (1983 [1994]) postulan, en el marco de la TAL, la premisa según la cual las palabras tienen esencialmente un valor argumentativo. De este modo, cuestionan la hipótesis tan arraigada en la tradición lingüística sobre el valor descriptivo e informativo de la lengua, cuya función primaria sería tan solo la de representar la realidad. Para esta teoría semántica no veritativa, por lo tanto, la lengua no informa sobre el mundo sino que comporta indicaciones de carácter argumentativo. Un ejemplo ilustrativo de este postulado es la incidencia de los operadores argumentativos (ciertas formas lingüísticas del tipo *apenas, casi, solo*, etc.) cuya función es marcar argumentativamente los enunciados en los que aparecen, independientemente de su contenido informativo. Tal es el caso de los siguientes ejemplos en los que debemos imaginar que los padres de un joven no se ponen de acuerdo sobre la posibilidad de prestarle o no el automóvil y enuncian, entonces, (9) (la madre) y (10) (el padre):

(9) Tiene *apenas* 18 años.
(10) Tiene *casi* 18 años.

El enunciado (9) transmite la información referencial de que el joven ya ha cumplido los 18 años y que, por lo tanto está habilitado legalmente para manejar un automóvil. Sin embargo, mediante el operador *apenas*, la madre del joven orienta su discurso hacia la minimización de la edad, autorizando continuaciones discursivas del tipo "*No, no le prestes el auto. Todavía es chico*". En (10), en cambio, la información referencial señala que el joven no ha alcanzado aún la mayoría de edad, a pesar de lo cual y, gracias al operador argumentativo *casi*, la enunciación del padre autoriza conclusiones del tipo "*Prestémoselo. Ya es grande*". Sobre la base, entonces, de que la significación es de naturaleza instruccional, un modo de empleo a partir del cual puede calcularse el sentido de los enunciados que no remiten al mundo, sino a otros discursos de los que son o pueden ser la continuación, la TAL se propone caracterizar las entidades lingüísticas sin valerse de elementos extraños a ellas, es decir sin recurrir al conocimiento previo de las propiedades del mundo o del pensamiento. Este postulado no significa, tal como indica M. M. García Negroni (1998*a*:26-27), que las lenguas naturales no sirvan para hablar del mundo real y para vehiculizar cierta imagen de la realidad en discursos que son susceptibles de ser juzgados como verdaderos o falsos. Significa solamente que en la descripción lingüística no debe tomarse en consideración la "realidad" de la que hablan nuestros discursos.

La convicción epistemológica de que hablar es orientar el discurso hacia ciertas conclusiones implica que en el valor semántico profundo de, al menos, ciertas entidades lingüísticas –palabras o expresiones–, existen indicaciones que no son de naturaleza informativa sino argumentativa. Dicha convicción epistemológica surge de la constatación de varios hechos lingüísticos que prueban que existen enunciados:

1. sin valor informativo, pero con valor argumentativo;
2. con valor informativo, pero que
   a) *presentan o describen un mismo hecho, pero desencadenan conclusiones diferentes;*
   b) *permiten deducir el valor argumentativo del informativo y no a la inversa;*
   c) *no permiten deducir el valor argumentativo del informativo.*

Vayamos entonces por partes:
1. Enunciados sin valor informativo pero con valor argumentativo
Tal como puede verse en los ejemplos que tomo de M. M. García Negroni (1998*a*:24), existen enunciados interrogativos del tipo ¿P? que no tienen valor informativo (en el caso de que no sean preguntas retóricas), pero que sin embargo, pueden manifestar en los encadenamientos argumentativos en los que aparecen un comportamiento asimilable al de la negación de P:

(11) No sé qué va a pasar con el campeonato. Boca va primero, pero
     ¿le ganará a River el domingo?
(12) No sé qué va a pasar con el campeonato. Boca va primero, pero
     no le va a ganar a River el domingo.
(13) *No sé qué va a pasar con el campeonato. Boca va primero, pero
     le va a ganar a River el domingo.

2. Enunciados con valor informativo que

a) presentan o describen un mismo hecho H pero que desencadenan conclusiones diferentes

En las siguientes parejas de enunciados (*ibidem*), el hecho que se describe es la existencia de una cierta cantidad de líquido, sin embargo, como en cada uno de ellos se destaca el carácter vacío (14) o lleno (15) de la botella, como se sabe, las conclusiones serán opuestas:

(14) La botella está medio vacía.
(15) La botella está medio llena.

b) permiten deducir el valor argumentativo del informativo y no a la inversa

Tal es el caso del enunciado "El termostato está casi en 7" (García Negroni, 1998*a*:25) en el cual el contenido informativo solo puede ser determinado en el contexto discursivo:

(16) El horno está perdiendo temperatura: el termostato está *casi* en 7.
(17) El horno ya está caliente: el termostato está *casi* en 7.

Por intermedio de la conclusión que determina el sentido de la escala numérica, se puede determinar que (16) indica un poco más de 7, mientras que en (17) la lectura es la correspondiente a un poco menos de 7, algo así como 6.5.

c) no permiten deducir el valor argumentativo del informativo

Los enunciados asertivos de la forma *Quizás P*, desde el punto de vista informativo, dejan abierta la posibilidad para que el hecho H denotado en el enunciado se lleve a cabo o no. Sin embargo, tal como se deduce de los siguientes ejemplos (García Negroni, *op. cit*:24), las únicas conclusiones posibles son las que pueden extraerse de la realización efectiva del hecho H:

(18) Agregá un plato. Quizás venga Pedro a cenar.
(19) *Retirá un plato. Quizás venga Pedro a cenar.

Por otra parte, al definir la lengua como "aprehensión primera de las cosas", la TAL, de inspiración estructuralista, concibe la significación en términos de valor: según O. Ducrot, la significación de una oración está constituida por las relaciones que mantiene con otras oraciones. Por lo tanto y en función de este postulado, J.-C. Anscombre y O. Ducrot (1983 [1994]) restringen, en una primera etapa de la teoría, las combinaciones discursivas que deben tomarse en cuenta en la descripción lingüística, a los encadenamientos de tipo argumento + conclusión a los que consideran como prototipos de la argumentación.[9]

En síntesis, esta teoría sostiene que el sentido de toda entidad lingüística radica en la evocación de ciertos tipos de discursos posibles a propósito de los objetos o situaciones aludidos por ella. Por lo tanto, significar implica orientar y, entonces, hablar del valor argumentativo de los recursos de evidencialidad en los testimonios de Cromañón no será otra cosa que señalar las continuaciones discursivas que estos mismos recursos desencadenen.

Pero como señalé al comienzo, para analizar los recursos de percepción de los testimonios de Cromañón, acudo también a los postulados expuestos por los estudios semióticos de la enunciación descriptiva (Filinich, 1998, 2003) en su doble configuración, cognoscitiva y pasional (Berrendoner, 1987; Dorra, 1997 y 1999; Fontanille, 1984 y 2001; Greimas, 1973; Greimas y Fontanille, 1994; Parret, 1995a y 1995b).

Enunciación y percepción: estudios semióticos de la enunciación pasional

É. Benveniste, el pionero de la lingüística de la enunciación, concibió entre 1950 y 1976 el llamado "aparato formal de la enunciación" oportunidad en la que destacó, entre otras cosas, la importancia de tomar en consideración las condiciones espacio-temporales de la enunciación en el estudio del funcionamiento lingüístico.

La enunciación es según É. Benveniste [1971] (2002), la puesta en funcionamiento de la lengua por un acto individual de utilización. El discurso, entonces, tal como señala H. Parret (1995a) ocupa un lugar intermedio entre el concepto de lengua, entendida como el conjunto de articulaciones del sistema, y el concepto de habla, en tanto realización individual de los hablantes.

---

[9] Más tarde, en el marco de la Teoría de los Bloques Semánticos (Carel, M. y O. Ducrot, 2005), la decisión será la de considerar como básicos no solo los discursos resultativos en *por lo tanto*, sino también los transgresivos en *sin embargo*, poniéndolos a ambos en un pie de igualdad.

Dos tipos de rasgos constituyen el nivel discursivo: los pertenecientes al sistema lingüístico y aquellos que provienen de los distintos tipos de discursos configurados por el habla. Dentro de los primeros, É. Benveniste incluye aspectos que constituyen "el fundamento lingüístico de la subjetividad", tales como los deícticos, los modalizadores, la aspectualidad, mientras que dentro de los que provienen de los distintos tipos de discursos configurados por el habla, considera los principios de organización, regularidades y estrategias de uso, que otorgan existencia a estas formas. Pero además de los rasgos señalados, es necesario distinguir dos niveles de análisis: el nivel del enunciado –*i. e.* de lo dicho– y el nivel de la enunciación, acto inaugural que remite al proceso por el cual lo dicho es atribuible a un "yo" que apela a un "tú" y que, a su vez, se distingue de un "él", "la no persona" u objeto del discurso.

M. I. Filinich (2003:23-24), siguiendo a J. Fontanille (1984), señala las tres dimensiones –pragmática, cognoscitiva y tímica o pasional– bajo las cuales puede considerarse el discurso, tanto a nivel del enunciado como de la enunciación. Según esta autora, en el nivel del enunciado, la dimensión pragmática se refleja en la acción desplegada por los sujetos, la cognoscitiva muestra el lugar del saber en el desarrollo de los hechos y la dimensión pasional plasma las pasiones o los estados de ánimo.

Por su parte, a nivel enunciativo, la dimensión pragmática incluye al locutor en tanto figura a la que se le adjudica la responsabilidad de la enunciación; la dimensión cognoscitiva alude a la constitución y a la transmisión del saber y toma en cuenta, entonces, las perspectivas que orientan el enunciado, *i. e.* los enunciadores encargados de proyectar los distintos puntos de vista en el discurso. Finalmente, la dimensión tímica abarca "las atracciones y repulsiones, la euforia o disforia del sujeto de la enunciación" (Filinich, *op. cit.*:24) convertido en esta dimensión en sujeto pasional.

Entre el enunciado y la enunciación existe según M. I. Filinich (*ibidem*), quien en este punto retoma a J. Fontanille (1989:16), una especie de espesor, una capa intermedia ocupada por distintas versiones del sujeto de la enunciación que, según el tipo de dimensión que ocupe en el discurso, recibirá una denominación diferente: narrador/descriptor, locutor/observador, enunciador/sujeto pasional. Estos tres tipos de figuras enunciativas son "simulacros discursivos" por los cuales la enunciación da la ilusión de su presencia en el discurso enunciado.

Pero además, tal como señala M. I. Filinich, los hablantes, gracias a su competencia comunicativa, pueden elaborar y distinguir discursos en los que predomina la enunciación narrativa o la enunciación descriptiva. De hecho, y si bien, parte de esta competencia se sustenta en el manejo y en el reconocimiento de los recursos que a nivel de enunciado se utilizan en cada una de ellas, también es necesario tomar en cuenta el ángulo de observación desde el cual se proyecta la mirada que organiza el discurso.

Semiótica de la enunciación descriptiva

La enunciación descriptiva representa sobre el escenario del discurso el despliegue de la actividad perceptiva del sujeto (Rosales Cueva, 2004). En otras palabras, la descripción es la puesta en escena del acto de enunciación perceptivo que puede manifestarse tanto explícita como implícitamente, o puede mostrarse como una mirada objetiva, una mirada subjetiva o una mirada neutral. Pero la percepción, cualquiera sea el objeto percibido –un paisaje o una persona– no solo compromete la dimensión cognoscitiva desde la cual emana la evaluación, sino que también implica una dimensión afectiva, porque es probable que quien perciba se sienta afectado por el objeto percibido e inundado de sentimientos diversos tales como la alegría, la tristeza, o la decepción, etc.

El componente perceptivo entonces no se despliega de la misma manera en la dimensión cognoscitiva que en la pasional o en la afectiva, pero tanto el saber como el sentir se erigen sobre la base de ese contacto primigenio, constitutivo de la aprehensión intelectiva y de la captación sensible entre el sujeto y el mundo.

• *La dimensión cognoscitiva*

En la enunciación descriptiva es fundamental la puesta en circulación de un saber, cuya manipulación responde a determinadas estrategias relacionadas con los efectos de sentido que el texto intenta transmitir. Las dos formas básicas de manipulación son la perspectiva o punto de vista y la modalización, a la que M. I. Filinich solo hace alusión en relación con la primera.

La perspectiva: ver y saber
La necesaria adopción de una perspectiva en el discurso implica no solo que el ángulo focal puede variar, es decir alojarse en distintos personajes, en una

instancia abstracta o en saberes cristalizados, sino que además, el tipo de perspectiva adoptado, puede satisfacer otros requerimientos de la circulación del saber en el texto, como por ejemplo el de proporcionar información necesaria para el lector, mantener el suspenso, etc. En este sentido resulta interesante la nota de J. Fontanille (1987:9) que traduce M. I. Filinich (2003:65), en la que este autor sostiene que "para la semiótica, el saber compartido entre los interlocutores de la comunicación solo es interesante, esto es pertinente y observable, si está mal repartido, si está dividido, retenido, deformado, desviado, adulterado".

a) Presencia del observador en el discurso descriptivo
Tal como he señalado, en el discurso descriptivo el descriptor (quien asume la verbalización) puede delegar en otra instancia –el observador– la instalación de los puntos de vista que se harán circular en el interior del discurso y cuyo nivel de explicitación recibe las siguientes denominaciones que M. I. Filinich (2003:74) retoma de J. Fontanille:

• *Grado cero de la presencia del observador*: es el caso más implícito de la presencia del observador que queda asumida por la misma instancia que desempeña el papel pragmático o de descriptor. En otras palabras, el descriptor es quien no solo verbaliza, es decir pone en palabras lo percibido, sino que también detenta el punto de vista desde el cual se presenta lo dicho.

• *Focalizador*: filtro de lectura instalado en el discurso que da cuenta de las selecciones, de las ocultaciones, de la relativización del saber, de los procedimientos que no se atribuyen a ningún actor ni están claramente especificados espacial o temporalmente. La presencia del observador comienza a hacerse visible porque el descriptor atribuye a otro la fuente de la perspectiva desde la cual se presenta el discurso.

• *Espectador*: instalación de un ángulo visual que solo posee marcas espaciales y temporales, pero que no desempeña ninguna otra función en el discurso. Tiene por función restringir el foco y delimitar el alcance de validez de lo que sigue.

• *Asistente*: figura mucho más explícita cuya actuación se limita exclusivamente a dar testimonio de lo que percibe, para garantizar con su propia presencia la verosimilitud de lo que informa.

•*Asistente-participante*: forma más determinada de la presencia del observador, que aparece como una figura que realiza todas las acciones propias de un actor, entre ellas la de detentar la focalización: no solo asume el punto de vista sino que también está implicado en las otras dimensiones del discurso, pragmática y pasional.

b) Los diversos planos de la observación

El observador puede proyectar su mirada sobre distintos objetos que pueden estar situados en el mundo exterior, *percepción exteroceptiva*, en el mundo interior, *percepción interoceptiva*, o bien en la frontera entre ambos, es decir, en el propio cuerpo, *percepción propioceptiva* (Dorra, 1999). A su vez, en la dimensión cognoscitiva, es decir en el terreno de la perspectiva desde la cual se articula el ver y el saber en el discurso, el observador puede manifestarse de diferentes modos y proyectar sus puntos de vista en diferentes planos. M. I. Filinich toma la siguiente clasificación de B. Uspensky (1973):

• *Plano ideológico*: la evaluación del mundo descrito se realiza desde un único punto de vista dominante o desde posturas evaluativas múltiples que pueden provenir de posiciones abstractas, del narrador o de los personajes.

• *Plano fraseológico*: el discurso refleja mediante diversos procedimientos discursivos (la denominación, el discurso referido) la presencia de los distintos puntos de vista; por ejemplo un acontecimiento determinado puede ser descrito de diferentes maneras según los diversos testigos sean el autor, los personajes (participantes directos del acontecimiento) o espectadores distantes.

• *Plano espacial*: señalado con la *coocurrencia entre quien describe y quien ve*, que puede darse también conjuntamente con los otros planos (cuando la coocurrencia espacial es acompañada por la ideológica, fraseológica y psicológica) y cuando *el que describe asume una posición en el espacio distinta de la de quien ve*: se dan entonces descripciones de escenas panorámicas o desde diversos puntos de vista.

• *Plano temporal*: existen posiciones temporales múltiples a partir de la consideración de la dimensión aspectual del tiempo que introduce un punto de vista al concebir la acción como un proceso en desarrollo. Así, los hechos del presente pueden estar evaluados desde el futuro, los del presente y el futuro pueden estar evaluados desde el pasado, y los del pasado y el futuro pueden estar evaluados desde el presente.

• *Plano psicológico*: alude a la posibilidad de quien describe de acceder a la conciencia de lo descripto. Las posiciones posibles son tres: acceso total (punto de vista omnisciente interno), acceso limitado a un personaje (también es considerado interno) y observador externo.

• *La dimensión pasional*

Como señalé anteriormente, el discurso comprende aspectos pragmáticos y cognoscitivos, pero también implica un conjunto de elementos que, como los rasgos suprasegmentales, se encabalgan sobre porciones diversas del encadenamiento sintagmático y conforman otra dimensión de análisis que constituye la prosodia del discurso (Filinich, 2003:85). Esta dimensión alude a los elementos que dan cuenta de la experiencia sensible del sujeto la que, articulada alrededor del propio cuerpo, se erige como centro de las percepciones que le llegan del exterior y de los afectos, sentimientos, emociones, pulsiones y deseos que provienen de su interior. Es decir, de aquella zona de la vida psíquica del sujeto no sometida a una lógica de la acción pragmática, sino guiada por los principios de la pasión.

1) Sustento sensible de la enunciación

La constitución de un mundo significante se asienta en una vivencia primordial: la experiencia sensible del propio cuerpo, que puede ser concebida como un acto enunciativo, ya que de algún modo pone en juego componentes que evocan la enunciación propiamente dicha. Forman parte de esta experiencia (Filinich, *op. cit.*:87): el *cuerpo* (centro de referencia), el *horizonte* (campo latente de la experiencia sensible), la *profundidad* (distancia que media entre el cuerpo y el horizonte y que puede ser espacial, temporal, cognoscitiva o emocional) y los *grados de intensidad* y de cantidad de esa profundidad.

Para que algo sea sentido, alcance el cuerpo, es necesario que se haga presente, esto es que afecte con cierta intensidad el centro de referencia y que posea una cierta extensión que permita su captación. Pero para que una presencia advenga al campo de experiencia del propio cuerpo es necesario que sobre esa presencia se proyecte un sistema de valores. En otras palabras, que se establezca una relación de intensidad y una variación en extensión.

2) Los afectos y el discurso descriptivo

La reflexión sobre las pasiones se ha abordado, en general, tanto desde la retórica como desde la crítica literaria a partir del tratamiento del léxico de la afectividad: amor, envidia, orgullo, etc. Pero si se trata de analizar la puesta en discurso de la afectividad del sujeto, conviene considerarla bajo los mismos criterios con los que se ha considerado la experiencia exteroceptiva, esto es la configuración de un campo de presencia (la aparición y desaparición), la toma de posición del cuerpo propio, la profundidad, los grados de intensidad y de extensión (la mira y la captación), la proyección de un sistema de valores, etc. M. I. Filinich (*op. cit.*:93) basándose en varios trabajos de J. Fontanille (1994, 1999, 2001) consigna las diversas formas en que el discurso produce efectos pasionales o afectivos:

- *Modalización*: un discurso modalizado centrará su atención, se orientará hacia la puesta en escena de una subjetividad (con recursos tales como verbos *saber* y *creer*, formas perifrásticas, *es posible que*, adverbios, *quizás*, expresiones nominales del tipo *la capacidad de*, etc.) y suspenderá o dejará en un segundo plano la realización de la acción. Pero para que un sujeto sea afectado por una pasión es necesario que entren en juego al menos dos modalidades, dos conflictos de fuerzas contrapuestas que atraviesan al sujeto apasionado, por ejemplo, el *querer hacer* unido al *no poder hacer*, que generará la *inhibición*, o el *deber ser* más el *no querer*, que dará lugar a la *sumisión*. La combinación de modalidades puede ser presentada por el discurso como una indicación de la posibilidad de emergencia de una pasión, lo que no asegura que esta se desarrolle. Pero como señala M. I. Filinich, para que se produzca el efecto pasional, las modalidades deben afectar con cierta *intensidad* al sujeto. Tal es el caso del obstinado, cuya pasión lo compele a querer tener o hacer más, cuanto menos puede.

- *Aspecto y ritmo*: la modalidad del discurso viene acompañada de un conjunto de rasgos de carácter aspectual y rítmico que vuelven manifiesta una pasión. A estos rasgos superpuestos se los ha llamado modulaciones, pues son variaciones que se producen sobre lo continuo: aceleración o disminución del movimiento, repetición, incoatividad, duratividad, terminatividad, etc. Así por ejemplo para que se manifieste la obstinación, es necesario que se repita insistentemente la voluntad de vencer obstáculos insuperables. Del mismo modo, para reconocer las variantes del miedo hay que observar sus variaciones aspectuales: la aprensión se caracteriza por la anterioridad, el pavor por la incoatividad y el terror por la duración (Filinich, *op. cit.*:95).

• *Puesta en perspectiva*: la relación de distancia entre un sujeto y un objeto –lejanía o cercanía– no es causal de modificaciones afectivas, salvo que esa distancia sea percibida por un sujeto implicado en esa escena. En tal caso la distancia se volverá una pérdida o una apropiación y, entonces, será fuente de afectación del estado de ánimo del sujeto, el cual podrá sufrir frustración, cólera, etc.

• *Expresiones somáticas*: constituyen verdaderos actos enunciativos porque toman el lugar del enunciador para comunicar estados de ánimos: el llanto, la forma de mirar, el rubor permiten expresar estados afectivos, como también dan lugar a estrategias de producción e interpretación de la significación por parte de quien observa (ocultar, disimular, etc.) y por parte de quien expresa (adivinar, calcular, deducir).

Para finalizar, la manipulación de una pasión en el discurso se patentiza frecuentemente en escenas típicas que los textos de una cultura han fijado, de manera tal que basta la presencia de una parte para elaborar con ella una realización específica de la escena prototípica (Filinich, *op. cit.*:95-96). Son claros ejemplos de esto, el agua, el bosque, el aire y el viento, en general depositarios de valores, fuentes de placer o de dolor, que el sujeto apasionado trasvasa a su entorno. Todos estos aspectos dan lugar a la aparición en el campo de presencia del sujeto de un imaginario que se despliega ante él ofreciéndole múltiples escenarios para la realización de las posibles acciones.[10]

---

[10] Para la relación entre enunciación y emoción, véase también H. Mari y P. H. M. Mendes (2007).

Capítulo 2

LA EVIDENCIALIDAD

En este capítulo explico someramente el origen y el alcance de la categoría evidencial en las lenguas del mundo. Luego me concentro específicamente en el español y enumero los distintos recursos directos e indirectos con los que es posible marcar en esta lengua el acceso al conocimiento. Pero mi interés se centra específicamente en los recursos lexicales y gramaticales con los que cuenta el español para señalar la evidencialidad directa, es decir, para indicar que el hablante ha visto, olido, tocado o escuchado la información de manera personal.

Así describo el comportamiento del ítem verbal encuentro *que, en 1ª persona del presente del indicativo y bajo ciertas restricciones gramaticales y argumentativas, puede ser considerado un evidencial directo de acceso sensorial. En efecto, al enunciar* encuentro*, el locutor emite un juicio que se origina y se justifica en su contacto directo con el objeto de su juicio pero que también implica una respuesta subjetiva y emocional ante el objeto percibido.*

Luego, me detengo en ciertas construcciones sintácticas con el verbo "ver", en algunas formas gramaticalizadas de los verbos ver *y* mirar *y en el adverbio evidentemente con los cuales, al igual que con el ítem verbal* encuentro*, los locutores de los documentos y de los testimonios de la tragedia de Cromañón no solo señalan el acceso directo a la información es decir, aquello que efectivamente percibieron la noche de la tragedia, sino también lo que padecieron, es decir, sus emociones y sus sensaciones. Dicho de otro modo, los evidenciales directos de acceso sensorial, dada su configuración polifónica, despliegan dos dimensiones: la cognoscitiva y la emotiva o pasional.*

LA FUENTE DEL CONOCIMIENTO

Introducción

El término evidencialidad, que alude literalmente a "prueba" o "evidencia", es una categoría lingüística que designa los diversos recursos con los que cuenta el locutor para inscribir en su enunciado la fuente y el modo en que ha sido adquirida la información. Tal como he señalado, ciertas lenguas amerindias están dotadas de sistemas morfológicos extremadamente perfeccionados por medio de los cuales el locutor puede indicar la fuente de conocimiento con gran precisión.

El siguiente ejemplo tomado del tuyuca, lengua hablada en Colombia y Brasil (Barnes, 1984:258), suele ser utilizado para explicar esta categoría:[11]

(1) *díiga apé-wi.*
    fútbol jugar-3ª PERS. PAS. VISUAL
    'Él jugó al fútbol' (yo lo vi)

---

[11] La mayoría de los trabajos sobre la evidencialidad citan este ejemplo pero, en el caso de la bibliografía en español, las traducciones que se proponen tergiversan la idea de que el contenido proposicional es siempre el mismo: "Él jugó al fútbol". Por otra parte, como la traducción de estas oraciones proviene, como en casi toda la bibliografía en español, del inglés, los autores oscilan entre traducirlas como "Él jugó/jugaba".
(1) *díiga apé-wi*
(*I saw him play*)
(2) *díiga apé-ti*
(*I heard the game and him, but I didn´t see it or him*)
(3) *díiga apé-yi*
(*I have seen evidence that he placed: his distinctive shoe print on the playing fields. But I did not see him play*)
(4) *díiga apé-yigi*
(*I obtained the information from someone else*)
(5) *díiga apé-h yi*
(*It is reasonable to assume that he did*)

(2) *díiga apé-ti.*

fútbol jugar-3ª PERS. PAS. NO VISUAL

'Él jugó al fútbol' (yo lo oí pero no lo vi)

(3) *díiga apé-yi.*

fútbol jugar-3ª PERS. PAS. INFERENCIAL

'Tuve indicios de que él jugó al fútbol' (pero no lo vi)

(4) *díiga apé-yigi.*

fútbol jugar-3ª PERS. PAS. SEGUNDA MANO

'Me dijeron que él jugó al fútbol'

(5) *díiga apé-h yi.*

fútbol jugar-3ª PERS. PAS. PRESUPUESTO

'Es razonable pensar que él jugó al fútbol'

Tal como señalan los ejemplos, en tuyuca, el mismo contenido informativo (él/jugar) puede expresarse de cinco formas diferentes, según la información haya sido obtenida por percepción visual o auditiva como en los enunciados (1) y (2), por inferencia o suposición, es decir a partir de indicios como en (3) o, por el discurso de otra persona (citativa) como en (4) y (5).

La categoría perceptual marca que la información se basa en la percepción de los sentidos; en la inferencial, en cambio, la información deriva de un razonamiento lógico, mientras que en la citacional, la información proviene de las palabras directas o indirectas de terceros. Estas categorías se completan con otras menos importantes que pueden marcar el carácter intersubjetivo de la información o bien su carácter reciente o no reciente. En los ejemplos (1)-(5) el locutor, al señalar en su enunciado la fuente de la que ha obtenido la información, ofrece a su interlocutor la posibilidad de evaluar por sí mismo la fiabilidad de dicha información y de compararla con otras sobre el mismo tema.

La evidencialidad en el español

La evidencialidad ha sido considerada durante mucho tiempo como una categoría exótica asociada primariamente con lenguas indoamericanas, del Cáucaso o con lenguas de la familia tibeto-burmana. En las lenguas indoeuropeas, el auge de los enfoques pragmáticos y semánticos de las últimas tres décadas ha contribuido a despertar un creciente interés por el carácter eminentemente subjetivo de la lengua y por el modo en que el locutor inscribe la fuente de conocimiento en el enunciado.

Como ya he señalado, a diferencia de otras lenguas donde la categoría evidencial es obligatoria –i. e. aparece codificada en la morfología– en el español existen otro tipo de procedimientos –lexicales y gramaticales– mediante los cuales es posible marcar la fuente de conocimiento y la mayor o menor distancia del locutor frente a su enunciado.

G. Reyes en *Los procedimientos de cita: citas encubiertas y ecos* (1994) incluye un capítulo sobre la evidencialidad en el cual, aunque de manera muy general, inicia los estudios sobre esta categoría en el español.

A partir de los siguientes enunciados, esta autora ejemplifica las distintas expresiones que permiten calificar la proposición "*Lidia ha venido*":

(6) *Evidentemente*, Lidia ha venido.

(7) *Por lo visto*, Lidia ha venido.

(8) Lidia *debe de [o debe]* haber venido.

(9) Sí, Lidia ha venido.

(10) *Parece que* ha venido.

(11) *Dicen que* ha venido.

(12) Estaba aquí esta mañana temprano, *según dicen*.

(13) *Estaba* aquí esta mañana temprano.

En los tres primeros casos, las expresiones destacadas indican que el conocimiento se ha obtenido por inferencia a partir, por ejemplo, de comprobar que el abrigo de Lidia está colgado en el perchero. Por otra parte, según G. Reyes, si alguien dice que ha visto a Lidia a la mañana temprano y esta persona resulta confiable, es posible enunciar una aserción del tipo de (9), que no transmite ningún significado evidencial y en el que el locutor asume plenamente la responsabilidad de la información transmitida.[12] En cambio, los enunciados (10) a (13) señalan que el locutor quiere evitar responsabilizarse, indicando que el conocimiento proviene de otra fuente. El enunciado (11) es un caso típico de discurso indirecto que según G. Reyes (1994:26),

---

[12] Como surge de los ejemplos para Reyes, el español no cuenta con marcadores de evidencialidad directa. De hecho, esta autora identifica evidencialidad con precaución epistemológica.

[…] cumple con frecuencia funciones de evidencial. En este caso, no se trata de informar sobre lo que dijo alguien (por eso la fuente, que es el sujeto del verbo "dicen", ni siquiera se menciona) sino sobre la venida de Lidia, pero restringiendo el valor asertivo de la proposición, indicándose que es algo que se sabe de oídas. De este modo hay casos en que el estilo indirecto sirve para indicar una restricción sobre el valor de verdad de lo que se dice.

Por su parte, (12) es otro caso de estilo indirecto, sin verbo de comunicación ni subordinada, pero con el agregado de la frase "según dicen". En (13) se repite el mismo enunciado sin el agregado, porque se trata de un caso de estilo indirecto encubierto que solo puede interpretarse de ese modo a partir de información contextual. Sin embargo, el uso del imperfecto "estaba" marca la presencia de una cita implícita.

G. Reyes (*op. cit.*:31) señala las propiedades citativas del condicional y del imperfecto del indicativo, ya que estos dos tiempos verbales pueden realizar citas implícitas y por lo tanto servir como evidenciales:

(14) A: —¿Qué tal sigue Ana?
B: —Mejor, me parece. No la vi, porque cuando llegué dormía. Pero había comido algo, y tenía menos fiebre. Esta noche la *veía* el médico de nuevo.

Con el imperfecto "veía" el hablante señala que lo que transmite su enunciado procede de lo que dijo otra persona. Por lo tanto, puede presuponerse que a media tarde el hablante ha mantenido una conversación con la enfermera quien le ha comunicado la próxima visita del médico.

En cuanto al condicional, también transmite significado evidencial y se utiliza especialmente en el discurso periodístico y político:

(15) Hablé por teléfono esta mañana con el vicepresidente y con el ministro del Interior. Puedo asegurar […] que no hay motivos para inquietarse. *Habría*, en efecto, cierto malestar en algunos generales…

Según G. Reyes, con el condicional "habría" el hablante señala que la información sobre el malestar de los generales es algo que le han dicho, por lo tanto no afirma el hecho rotundamente sino con cierta cautela. Este condicional citativo es así muy usado por los periodistas, quienes necesitan dejar a salvo su responsabilidad, señalando que la noticia proviene de otras fuentes, en general autorizadas.

Finalmente, G. Reyes hace hincapié en ciertos valores evidenciales del imperfecto, poco descriptos por las gramáticas tradicionales y que, por otra parte, se desvían del uso normal de los evidenciales, pues no indican precaución epistemológica sino que aluden a expectativas pasadas del hablante para contraponerlas con las presentes:

(16) Qué buen tipo *era* Tomás (contra lo que yo creía).

Reyes señala que para (16) hay que suponer que el hablante es un profesor que descubre que un colega a quien él creía una mala persona le ha hecho un favor. En (16) el imperfecto "era" marca que el hablante acaba de darse cuenta de la bonanza de Tomás, es decir que alude a un pasado, en este caso al pasado en el que no tenía una buena opinión de su colega. Pero no es un pasado que narra cómo era Tomás, sino que contrapone ese pasado con el presente de su experiencia. Dicho contraste entre la experiencia del presente y la expectativa evocada puede también dar una actitud de sorpresa como en (17) donde hay que suponer que suena el timbre y una joven se encuentra con su novio a quien no esperaba:

(17) *¡¡Eras tú!!*

En efecto, tal como señala G. Reyes, el imperfecto de (17) no narra nada, sino que señala que la aparición del novio de la joven no estaba en el horizonte de expectativas de la hablante. Esta categoría aparece en las lenguas con sistemas evidenciales obligatorios y es tratado por la bibliografía específica con el nombre de "mirativo" (sorpresa, desencanto o piropo). Según G. Reyes (1994:36), el imperfecto en (17) no expresa precaución epistemológica, sino la falta de preparación psicológica con la que reacciona el hablante:

Esta es una explicación plausible, ya que los evidenciales transmiten preocupación por el conocimiento (por cómo se llegó a conocer algo), y al fin y al cabo la sorpresa es una alteración de las rutinas del conocer. Otra posible explicación es que en realidad se trata de un imperfecto citativo pero que, en lugar de aludir a la fuente, "sirve para manipular dos proposiciones", contraponiéndolas retóricamente.

Una extensión pragmática del imperfecto de sorpresa es el de cumplido:

(18) ¡Pero qué guapa *eras*!

G. Reyes señala que en este ejemplo, se contrapone la expectativa pasada del hablante con la actual, corroborada y corregida.

Además del pretérito imperfecto del indicativo, también estudiado por, M. Leonetti y M. V. Escandell Vidal (2003), existen otros recursos de evidencialidad indirecta en el español, como por ejemplo el marcador de reformulación no parafrástico *en todo caso* (García Negroni, 2002; Estrada, 2006), el adverbio *evidentemente* (Reyes, 1994, Estrada, 2008*b* y 2010), la preposición *de* como marca de evidencialidad citativa (Schwenter, 1999), el caso pretérito perfecto compuesto como evidencial de inferencia sensorial (Bermúdez, 2005*a*), el verbo *parecer* Cornillie (2007*a*), etc.

Pero en el español, los recursos de evidencialidad no se limitan a las marcas de acceso indirecto a la información. Por el contrario existen también recursos de evidencialidad directa, como el ítem *encuentro* (García Negroni, 2001; Estrada, 2005 y 2009) en contextos del tipo "La *encuentro* espectacular (a Buenos Aires"); formas gramaticalizadas derivadas de los verbos de percepción como *mirá* o ciertas acepciones del verbo *ver*; y ciertos adverbios como *evidentemente*, (Estrada, 2008*b* y 2010) o marcadores discursivos como *a ver* (Estrada, 2009), entre otros, que pueden funcionar, según el contexto, como reforzadores o como atenuadores de la aserción.

Por otra parte, estos evidenciales directos se vinculan además de con el grado de certeza del locutor, con otros aspectos de la expresión de la subjetividad que pueden asociarse con la actitud y el afecto (Biber y Finegan, 1989). Efectivamente, la evidencialidad directa puede vincularse con la modalidad afectiva al igual que el significado endofórico asociado en ciertas lenguas – quechua, pomo oriental, tucano, entre otras (Plungian, 2001) – con la evidencialidad sensorial, con la que muchas veces comparte los marcadores. El valor endofórico relaciona fuente de información con sentimientos, sensaciones, deseos y estados internos del hablante y se asocia en ciertas lenguas amerindias con la primera persona gramatical.

Los marcadores de evidencialidad directa

Los marcadores de evidencialidad directa en el español señalan interfaz entre enunciado y enunciación en los dominios de la modalidad epistémica y de la evidencialidad. En efecto, como modificadores de enunciado, actúan como reforzadores de la modalidad epistémica asertiva, mientras que como marcas de enunciación, reflejan la experiencia sensible, las emociones, los sentimientos y en general la vida afectiva del sujeto de la enunciación.

El español cuenta, entre otros, con los siguientes marcadores de evidencialidad directa sensorial:

• *Encuentro*

Como performativo judicativo (primera persona, presente del indicativo) con la acepción de "juzgo". Señala la fuente de conocimiento y, por lo tanto, se relaciona con la modalidad epistémica en la cual la confiabilidad sobre el estado de cosas depende del modo en que el locutor ha obtenido la evidencia.

(19) **Encuentro** al Sr Ibarra responsable de la masacre perpetuada el 30 de diciembre de 2004.

Desde el punto de vista de la modalidad del enunciado, funciona como un reforzador mediante el cual el locutor se identifica plenamente con el punto de vista introducido por el enunciador, en tanto inscribe en su propia enunciación la certeza del conocimiento. Pero *encuentro* asimilado a la lectura de "juzgar" pertenece a una categoría semántica relacionada con la actitud subjetiva del locutor con cuya enunciación enuncia un juicio personal e inédito –o presentado como tal– mediante el cual "muestra" su subjetividad.

Desde el punto de vista de la modalidad de la enunciación, entonces, el locutor introduce su apreciación subjetiva, es decir muestra su actitud emocional y se manifiesta como ser pasional.

• *Construcciones sintácticas con el verbo* ver

Existen en el español distintas construcciones sintácticas con el verbo ver: las llamadas no elevadas (20) a. y las elevadas (20) b.

(20) a. *Vi* que (María) llegó.

　　b. La *vi* llegar (a María).

Se trata de "constelaciones sintácticas" –*i. e.* distintas conceptualizaciones– que le permiten al hablante, además de con los medios léxicos y morfológicos, marcar en el español las distintas fuentes de las que ha adquirido el conocimiento.

Según F. Bermúdez (2004:14), la diferencia entre estos dos enunciados radica en que en (20) a., el hablante no afirma que ha presenciado personalmente la llegada de María, sino que llega a esa conclusión porque accede a determinados indicios –ve, por ejemplo, su abrigo colgado en el perchero– mientras que en (20) b., en cambio, el hablante afirma haber presenciado efectivamente la llegada de María. Es decir, que estas dos construcciones representarían dos modos diferentes de acceso al conocimiento. En (20) a. se trataría de una inferencia, por haber visto el tapado de María, por ejemplo, y no a María misma en el momento de llegar; en (20) b., en cambio, sería María en persona la que ha sido vista. Sin embargo, es importante destacar que en ambos casos, la percepción visual está presente: en el primero como una inferencia y, en el segundo, como conocimiento directo.

En conclusión, para F. Bermúdez (2004:14) lo que se conoce como "elevación del sujeto" es en realidad una oposición evidencial entre evidencia directa y evidencia indirecta inferida.

Sin embargo, en lo que respecta al modo de percepción, ambas estructuras pueden ser analizadas como marcadores de evidencialidad directa en la que un observador atestigua lo que ha visto y, a su vez, se conmueve por ello. Dicho de otro modo, mediante la enunciación de las construcciones con el verbo *ver* que consigno a continuación, el locutor traslada a la superficie discursiva la manifestación de sus padecimientos, dejando en un segundo plano el acceso visual que, innegablemente, estas formas, al igual que los verbos de percepción, codifican en su base léxica:

- [lo/los/la/las + *ver* + inf.] (construcciones elevadas)

(21) Me llamó la atención un policía que se peleó con otra gente. Luego me enteré de que falleció. Entró dos veces a Cromañón.
Yo *lo vi salir* dos veces.

- [*ver* que + verbo conjugado] (construcciones no elevadas) + rasgo *pathémico*

Estas construcciones, bajo determinadas restricciones gramaticales y contextuales, incorporan el elemento *pathémico* y, entonces, le permiten al locutor convencer a la audiencia desde la pasión, más que desde la razón.

(22) Cuando salgo vi que venían los bomberos; luego **veo que** me *sacan* a **Gabriela**.

Como un acto enunciativo en su acepción de "comprender", "darse cuenta", estas estructuras marca el acceso perceptual directo a la información con el cual el locutor administra la circulación de un determinado saber –lo que vio, lo que no vio–, pero el acto de percibir despliega en la enunciación perceptiva, además de la cognoscitiva, otra dimensión: la pasional. Es así como las estructuras no elevadas con el verbo *ver* se convierten en la enunciación perceptiva en evidenciales directos que pueden ubicarse en un *continuum* que va desde las estructuras puramente perceptivas a aquellas que trasladan el componente perceptual contenido en el verbo *ver* a un segundo plano, dejando para el componente pasional el primer plano enunciativo. Por esa razón, en estas estructuras evidenciales en las cuales el verbo *ver* se asimila a las acepciones de "saber", "darse cuenta", "comprender", el cuerpo percibiente si bien no deja de "percibir" se transforma además en un cuerpo "sufriente".

- *Veo* + od + predicativo objetivo obligatorio ≈ "juzgar"

Como performativo judicativo (primera persona, presente del indicativo) con la acepción de "juzgo".

(23) Estaba paralizado, desconcertado. No lo podía creer. No sé si era la incertidumbre de no saber qué va a pasar. **Yo la veía simple**, creo que en medio del quilombo pensaba que íbamos a ir para afuera.

Semejante a *encuentro*, el ítem verbal *veo* puede ser considerado como un evidencial de acceso directo sensorial y no simplemente como un verbo de percepción. Con la enunciación de *veo* la subjetividad se muestra mediada a través del juicio del locutor.

• *Mirá*

Como forma gramaticalizada en imperativo de segunda persona (vos), derivada del verbo "mirar" con función deíctica:

a) fática interna, incorpora el rasgo [+pasión] y mantiene, en distinto grado, el rasgo [+percepción] orientado hacia el contexto o hacia el cotexto (*mirá 2*).

(24) En eso veo unos chicos corriendo y lo único que atino a hacer es quedarme en la baranda y gritarles "¡pendejos pelotudos: **miren** lo que hacen y ahora salen corriendo!".

b) como acto de habla *pathémico*: su fuerza emotiva da al enunciado la potencialidad de ser utilizado como una expresión de estados psicológicos (*mirá 3*).

(25) Obviamente, cuando llamo a mí mamá, esto habrá sido a las dos horas por ahí, digo "mamá quedate tranquila yo estoy bien, estamos todos bien, hubo un incendio en el lugar que estábamos" y me dice: "¿Fue grave?". "**Sí, mirá, mamá, hay muertos**".

Mirá ocurre en un *continuum*, cuyos extremos están representados respectivamente, por las formas que conservan el significado de verbo de percepción visual (*mirá 1*) y por las formas más desemantizadas, consideradas por los especialistas como marcadores del discurso, porque han perdido el rasgo perceptivo. Entre esos dos extremos, se ubican las ocurrencias que he llamado *mirá 2* y *mirá 3* las que coinciden con dichos marcadores, pero que en la medida en que incorporan el rasgo [+pasión] y conservan en distinta medida el rasgo [+percepción], pueden ser consideradas como evidenciales directos de acceso sensorial.

• *Evidentemente*

La enunciación de *evidentemente* directo da cuenta de lo que adviene al campo sensorial del locutor que, en tanto cuerpo sensible, se conmueve y conmueve a su interlocutor. En este sentido, es un reforzador de la modalidad epistémica asertiva, equivalente a otros adverbios como *obvio*, *es obvio que*, que no puede combinarse con marcadores modales de duda.

(26) El olor que yo digo –y esto lo quiero dejar en claro– no era a putrefacción, no estamos hablando de eso. ***Evidentemente*** la cámara de frío lo que hace es, si bien no detiene, sí relentiza en forma importante ese proceso.

Su enunciación está acompañada por una entonación focalizadora de intensidad y sin pausa, cercana a la exclamación. Es polifónico porque con su enunciación el locutor pone en escena dos enunciadores: E_1 que muestra lo que se percibe por alguno de los sentidos y E_2, con quien se identifica el locutor y que reacciona emotivamente ante esta percepción. Solo puede ocurrir en posición inicial o en posición intermedia con un "que" pospuesto: "*Evidentemente* que tenía amplia capacidad de acción". Está orientado hacia el hablante y se asimila a los adverbios de enunciación, a pesar de que no hay ruptura con la línea melódica del enunciado como es propio de los adverbios de este tipo. De allí que pueda parafrasearse como: "Mi decir es evidente" o "Hablo desde la evidencia".

Finalmente, con la enunciación de *evidentemente*, al poner en primer plano las evidencias sobre las que basa su discurso, el locutor muestra su compromiso explícito con la verdad de su enunciado pero, además, emerge como un ser de pasión, que sufre ante los hechos a los que accede en forma personal por alguno de los sentidos.

Capítulo 3

LA CARTA DE LECTORES DE LILIANA GARÓFALO, MADRE DE UNA VÍCTIMA, A ESTELA DE CARLOTTO

En este capítulo, con la finalidad de contextualizar la dimensión emotiva de la tragedia de Cromañón, analizo la expresión lingüística de las emociones presentes en la carta a los lectores con la que Liliana Garófalo, madre de una de las víctimas, refuta las declaraciones de Estela de Carlotto a un grupo de padres que la atacaron con huevos a la salida de una reunión política.

En primer lugar, dentro de la variedad de géneros que componen el universo del discurso refutativo, clasifico esta carta como una interacción "fuertemente argumentativa". Explicito, luego, los procedimientos discursivos utilizados por la locutora para expresar las pasiones, tanto en nivel del enunciado como en el de la enunciación. Demuestro que la estrategia argumentativa de esta carta se basa, entre otros recursos, en la enunciación del ítem verbal encuentro *con el cual Liliana Garófalo intenta dotar a su discurso de un viso de objetividad y certeza. En efecto, a nivel de enunciado este verbo, al señalar que el modo de conocimiento ha sido directo, funciona como un reforzador de la certeza con el que la locutora afirma la responsabilidad de Ibarra en los hechos de Cromañón. Pero, desde el punto de vista de la modalidad de la enunciación y, asimilado a la lectura de "juzgar", esta forma verbal pertenece a una categoría semántica relacionada con la actitud subjetiva de la locutora que, al decir* encuentro, *enuncia un juicio personal e inédito –o presentado como tal– mediante el cual expresa su subjetividad, es decir manifiesta su actitud emocional y se "muestra" como un ser de pasión. Esto provoca que el ethos, es decir la imagen discursiva que le confieren a la locutora (Liliana Garófalo) las huellas de su enunciación presentes en el enunciado, devenga de una figura que intenta convencer, en un primer momento, con argumentos racionales y presentados como indudablemente verídicos, en otra figura discursiva que, hacia el final de la carta, intenta persuadir con la emoción, más que con la razón.*

Finalmente, concluyo que la estrategia discursiva con la cual la refutación de Liliana Garófalo a las imputaciones de Estela de Carlotto alcanza su mayor efectividad, se basa en la tensión emocional que proyecta su ethos, con marcas de fuerte soberbia y, a la vez, de profunda humildad y sufrimiento.

LA PASIÓN COMO ARGUMENTO RACIONAL

Introducción

Tal como señalé en la introducción, a ocho meses de la tragedia, en agosto de 2005, y en plena lucha por la destitución de Aníbal Ibarra de su cargo de Jefe de Gobierno de la Ciudad de Buenos Aires, un grupo de padres de las víctimas se enfrentó con Estela de Carlotto. La presidenta de las Abuelas de Plaza de Mayo había disertado en un seminario político y, en un gesto de fuerte repudio, este grupo de padres la increpó y la atacó a huevazos a la salida de dicho seminario. Por su parte, Estela de Carlotto llamó a una conferencia de prensa en la cual advirtió sobre los "actos de violencia" generados por este grupo de padres a los que calificó de "golpistas" y "delincuentes" y a los que consideró que se debía castigar "con el peso de la ley".

La carta de lectores que reproduzco a continuación es la respuesta de Liliana Garófalo, una de las madres de las víctimas de Cromañón, a las declaraciones de Estela de Carlotto.

Como puede observarse, la carta confronta discursivamente dos puntos de vista opuestos en relación con la tragedia de Cromañón. Participan de este conflicto tres roles argumentativos: el proponente (Estela de Carlotto), que representa el discurso dominante y hegemónico, y cuya función es proponer; el oponente (Liliana Garófalo), cuya función es oponerse (verbal o paraverbalmente) al discurso de la proposición; y, finalmente, el tercero (el auditorio al que hay que persuadir) que, al poner en duda la cuestión, transforma con su duda la oposición en una "cuestión argumentativa", entendida como la escena donde se desarrolla la confrontación (Plantin, 2005:58).

Señora
Estela de Carlotto

Soy Liliana Garófalo, mamá de Florencia Diez, muerta en Cromañón a los 18 años de edad, y ante todo le aclaro que no avalo ni justifico a la violencia.

Usted ha estado durante muchos años luchando por la Verdad, Memoria y Justicia, como así también colaborando con la restitución de los jóvenes que fueran arrancados de su seno familiar. Ante el hecho definitivo de la ausencia de mi hija, también recorro su mismo camino en cuanto a encontrar Verdad, Memoria y Justicia para y por ella.

Encuentro al Sr. Ibarra responsable de la masacre perpetuada el pasado 30 de diciembre, debido a su jerarquía de Jefe del Gobierno de la Ciudad. De la misma manera que quiere ser aplaudido por sus logros, debe hacerse cargo de sus falencias. Sí, claro que también hay otros responsables, pero en este caso especial, estoy hablando del Jefe de Gobierno y la parte que a él le toca.

Le quiero recordar, Sra. Estela, que la violencia también se ejerce con la palabra. Decir que los padres que buscamos Justicia tenemos interés en derrocar a un Jefe de Gobierno por intereses políticos, es violento. Acusarnos de "golpistas" es muy duro, y mucho más, viniendo desde usted. Le puedo asegurar que personalmente, no me encontraba entre el grupo que la insultó, lo cual me da libertad para poder decirle que acusar a esas familias destrozadas y desbordadas por el dolor de sus palabras, de "delincuentes", es incomprensible desde su lugar. O sea, si yo responsabilizo al Sr. Ibarra soy "golpista", y él no merece ser llevado a los Tribunales... ahora si la insulto ahí sí, me debe caer el peso de la ley... realmente es incomprensible.

Lo que yo –una simple trabajadora nunca involucrada en política– veo desde mi pequeño mundo es que los verdaderos intereses políticos están en otro lado, y ese lado no es justamente el de estos padres y familiares que estamos acá, desvastados por la corruptela reinante entre gobernadores y falsos empresarios.

Con toda humildad, Sra. Carlotto, le pido que revea la situación. Le pido que usted, quien también perdió familiares en forma injusta y repentina, ponga una mano en su corazón, y reordene sus pensamientos. No sólo se agrede tirando huevos, también se agrede desde las descalificaciones a quien está transitando un duro camino para encontrar una respuesta a su dolor.

Atte.
Liliana Garófalo

Carta de lectores: "Sobre los huevazos a Carlotto", por un padre de una víctima. Wednesday, Aug. 17, 2005 at 4:14 PM. Disponible en:
<http://argentina.indymedia.org/print.php?id=317649&comments=yes>.
Consulta: enero de 2006

Antes de adentrarme en el análisis enunciativo de las emociones presentes en esta carta, me detengo en el plano del enunciado, concretamente, en la expresión lingüística de las emociones/pasiones. Por esa razón, divido el capítulo en dos partes: "El enunciado pasional" y "La enunciación pasional". En la primera parte, explicito los *topoi* o parámetros tópicos ordinarios con los cuales el discurso otorga "una apariencia de clasificación razonada a lo que es una lista empírica" de hechos concretos (Plantin, 1997:88). Luego, desentraño el modo en que las emociones/pasiones se presentan en los argumentos-conclusiones esgrimidos por las antagonistas. En la segunda parte, es decir, en el análisis enunciativo de las pasiones, me concentro en el análisis del evidencial directo sensorial *encuentro* con el que la locutora de esta carta señala que ha accedido en forma personal y directa a la información que transmite su enunciado, pero también muestra sus sentimientos, sus pasiones respecto de la tragedia de Cromañón.

El enunciado pasional

La carta como interacción fuertemente argumentativa

La carta de Liliana Garófalo a Estela de Carlotto puede ser caracterizada como una interacción fuertemente argumentativa (Plantin, 2004:308-312), dado que se cumplen las siguientes condiciones:

a) *La diferencia de opinión entre los participantes tiene un pasado, hay una historia argumentativa*

Las antagonistas de esta confrontación tienen muchos puntos en común. Estela de Carlotto, presidenta de la Asociación "Abuelas de Plaza de Mayo" (el proponente) trabaja en pos de la restitución a sus verdaderas familias de los jóvenes, cuya identidad les fue quitada en la época de la dictadura. Por su parte, Liliana Garófalo (el oponente) busca a los responsables de la muerte de su hija, uno de los tantos jóvenes que murieron el 30 de diciembre de 2004 en el local bailable "República de Cromañón". Si bien ambas mujeres comparten un dolor análogo por la pérdida de sus hijos y el mismo objetivo —la búsqueda de justicia— la confrontación, tal como señala Ch. Plantin, es en realidad fuertemente argumentativa porque preexiste a ella un trasfondo ideológico y político, que emerge como conflicto desencadenante de la polémica entre ambas actantes: la ideologización del dolor.

b) *Las interacciones fuertemente argumentativas necesitan un tratamiento institucional y social*

Lo que se conoce como "tragedia de Cromañón" ha producido un gran impacto en la opinión pública argentina la que, que según el esquema de los tres roles argumentativos propuesto por Ch. Plantin (proponente, oponente y el tercero), funcionaría como este último, puesto que se opone críticamente al discurso del locutor, en esta caso, el de Estela de Carlotto. Por otra parte, los cambios sociales y políticos que derivaron de este acontecimiento provocaron, entre otras muchas cosas, la destitución en aquel tiempo –año 2004–, del Jefe de Gobierno de la Ciudad Autónoma de Buenos Aires, Dr. Aníbal Ibarra.

c) *El conflicto, que puede ser resuelto o puede profundizarse, es la razón de ser de la interacción*

La agresión física cometida contra Estela de Carlotto ("los huevazos") dividió al grupo de familiares: un sector defendió el ataque y el otro lo repudió. De hecho, este último grupo declaró que, si bien compartían los mismos objetivos que los agresores, ellos utilizaban "medios de expresión distintos".

El Jefe de Gobierno finalmente fue destituido luego de un juicio político en el que se lo declaró responsable indirecto de la tragedia. Los cargos que se le imputaron fueron a) falta de control del gobierno de la Ciudad en la habilitación de locales públicos y b) incumplimiento de las responsabilidades propias del Estado durante el desarrollo de los acontecimientos, en concreto, falta de organización sanitaria, médica, policial y forense para enfrentar hecatombes de esa naturaleza.

Las emociones en los *topoi*

Tal como acabo de señalar, es posible precisar el modo en que se han construido las emociones a partir del análisis de los parámetros tópicos ordinarios. En efecto, los *topoi* argumentativos, que provienen de la *Retórica* de Aristóteles, tienen como objetivo esencial establecer el inventario de puntos de vista o de lugares comunes mediante los cuales puede ser tratado un tema. Los *topoi* además de poder recibir la forma afirmativa, interrogativa o imperativa, sirven de base para señalar las emociones –directas o indirectas– presentes en cada uno de los argumentos.

Topos 1 (¿Qué?): Contenido emotivo del evento
Este tópico está íntimamente relacionado con el concepto de *mímesis* aristotélico. Efectivamente, en la tragedia clásica, la finalidad de las acciones que se desarrollaban en escena consistía en que el espectador se identificara con el destino trágico del héroe, de tal modo que lo invadiera no solo la "conmiseración" sino, y sobre todo, el "terror" de verse sumido en las mismas peripecias que aquel. En este sentido, las catástrofes en general y la de Cromañón en particular, tienen un alto grado de emotividad en tanto no remiten al devenir de un destino individual, sino al de un conjunto inocente de personas, sin ninguna responsabilidad sobre los hechos trágicos. Es decir que las tragedias amplían y magnifican el sentimiento de desolación y de dolor, a tal punto que el *topos* que subyace en el caso de Cromañón puede representarse con la frase: "le podría haber tocado a cualquiera".

Topos 2 (¿Quién?): Personas afectadas y emoción
Un mismo evento puede tener distinto grado de emotividad de acuerdo con la persona que lo protagonice. Así, por ejemplo, la muerte de un niño siempre conmueve de un modo mucho más profundo que la de un anciano. En el caso de la tragedia de Cromañón, la muerte de 194 personas atrapadas en un infierno oscuro de encierro y asfixia, provoca sin duda una fuerte reacción emotiva, incrementada, además, porque las víctimas eran en su mayoría adolescentes y niños. De hecho, en los baños del entrepiso del local y sin ninguna ventilación, se dice que funcionaba una guardería, sector donde el humo tóxico habría penetrado en primer lugar asfixiando a numerosos bebés y niños pequeños. Por otra parte, la

emotividad se profundiza en el caso de las familias que perdieron a más de un hijo, y en el de otras, en las que sobrevivieron los padres, pero no los hijos. Ante estos casos, el dolor individual se magnifica y se transforma en consternación social.

Topos 3 (¿Cómo?): Dominios sensibles y analogía

Existen dominios de la realidad especialmente sensibles a los que, por esta razón, se suele aludir mediante analogías o metáforas. Así, el valor simbólico de los "huevazos" lanzados por los padres de las víctimas de Cromañón a Estela de Carlotto adquieren, por analogía, un fuerte valor *pathémico*. De hecho, la carta configura su arquitectura argumentativa sobre la defensa de este exabrupto emocional de fuerte simbología expresiva. Lo mismo sucede con la metáfora de las zapatillas colgadas, aspecto al que aludiré enseguida.

Topos 4 (¿Cuándo?): Construcción emotiva del tiempo

Dos tipos de temporalidad construyen el fundamento emotivo del evento: la temporalidad subjetiva y la objetiva. La muerte de un hijo encarna la emotividad en el grado más alto, porque, al quedar truncada la proyección en el futuro, el tiempo interior y subjetivo se detiene. En cuanto al tiempo objetivo, la tragedia de Cromañón irrumpe en un momento emblemático de unión familiar y de festejos: 30 de diciembre, vísperas del año nuevo. El lema "paz, unión y prosperidad" queda entonces limitado a un tiempo subjetivo que se asocia paradójicamente a un profundo dolor que escinde la temporalidad entre un antes y un después de la tragedia.

Topos 5 (¿Dónde?): Construcción emotiva del espacio

Como los espacios físicos también están marcados emocionalmente (un campo de batalla o un hospital, por ejemplo), el local bailable en el barrio de Once "República de Cromañón" donde se produjo el trágico incendio, adquiere por contraposición un fuerte valor emotivo. Y digo "por contraposición", porque el rock como espectáculo masivo está asociado al divertimento y a la juventud. Y, entonces, la irrupción de la tragedia en un espacio con estas características, duplica el sentimiento de dolor e indignación, porque opone la inocente alegría de las jóvenes, a la muerte sorpresiva y desesperada. Por otra parte, la construcción del espacio instaura dos mundos simbólicos confrontados: un "desde acá" no contaminado por intereses políticos –el "pequeño mundo" al que alude Liliana Garófalo– y "el otro lado", en el que se agrupan los gobernadores y los falsos empresarios, representantes de "la corruptela reinante".[13] Por otra parte, el espacio real lo constituye el "altar" en el barrio de Once, frente al local bailable, donde se exhiben las fotos y del que cuelgan las zapatillas de las víctimas, como recordatorio de su juventud e inocencia.

Topos 6 (¿Cuánto?): Magnitud del evento y dimensión emotiva
Las catástrofes se definen por la variable cuantitativa, es decir por el número significativo de muertes que pueden haber sido provocadas por fenómenos naturales (el *tsunami*, aludes o terremotos, por ejemplo) o por el accionar del hombre, ya sea con intencionalidad manifiesta (atentados terroristas) o por negligencia (incendio del *mall* en Asunción de Paraguay, avalanchas en estadios de fútbol, etc.). Por lo tanto, la tragedia de Cromañón puede considerarse una catástrofe por la magnitud de la desgracia y por el número de muertes adolescentes, hecho que despierta la sensibilidad de cualquier ser humano.

Topos 7 (¿Por qué?): Causa / agente y variación emotiva
Las emociones sobre determinados eventos están estrechamente vinculadas a las causas que los han provocado. De hecho, una catástrofe natural como el *tsunami* puede causar un gran impacto emocional, pero si como en Cromañón, la tragedia no es el resultado de una fatalidad, sino de la negligencia y la corrupción de empresarios y funcionarios, el grado de emotividad con respecto al evento varía considerablemente. De allí que en la carta que nos ocupa, se aluda al evento como "masacre".

Topos 8 (¿Para qué?): Proyección emotiva del evento: las consecuencias
Los sentimientos de indignación, dolor y resentimiento ante la pérdida de un hijo adolescente en circunstancias como las de la tragedia de

---

[13] El barrio de Once, además, es un espacio estigmatizado por la tragedia, ya que allí también sucedió el atentado contra la AMIA (Asociación Mutual Israelita Argentina) el 18 de julio de 1994 a las 9:54.

Cromañón encuentran una canalización natural en la búsqueda de justicia. Si el dolor se multiplica por la cantidad de familias que están en la misma situación, este adquiere una dimensión social que inevitablemente contamina otras esferas de la realidad, como la de la política. De hecho, los padres de las víctimas de Cromañón lograron someter a juicio político y finalmente destituir al Jefe de Gobierno de la Ciudad de Buenos Aires por considerarlo responsable de la catástrofe.

Topos 9 (¿Normas?): Valor emotivo de normas culturalmente establecidas
El término "juventud" está asociado en el ideario social argentino con la edad de la inocencia que, en general, circunscribe su alcance al plano político o ideológico. De hecho, suele aludirse como "jóvenes" a los militantes de la década del 70 e, incluso a ciertos delincuentes. En contraposición, las víctimas de la tragedia se patentizan discursivamente como "chicos" o "pibes", en un intento de desideologizar sus muertes y de mostrarla de ese modo más injusta y a ellos, más inocentes. Los que provocaron la tragedia al encender la pirotecnia ("cuatro tiros") que habría incendiado el techo del boliche bailable, en cambio, son llamados "jóvenes", a pesar de ser también adolescentes y quizás también víctimas fatales. Las zapatillas de los muertos, que la desesperada huida de aquella noche fatal dejó como evidencia macabra, permanecen colgadas en el improvisado, pero ya instaurado altar en la barrio de Once. Así rescata la memoria colectiva el profundo dolor ante la muerte de los "chicos".

Cabe señalar que en el discurso institucional de la tragedia, "chicos" se refiere a las víctimas, mientras que "pibes", alude a los sobrevivientes. En el lema "Ni la bengala, ni el rock & roll, a nuestros pibes los mató la corrupción", subyace el deseo de la sociedad de mantener viva la memoria de las víctimas, de allí lo de "pibes" (aún con vida) en este contexto.

Topos 10 (¿Control?): Subjetividad y emoción
El dolor y la indignación contenida subyacen a toda la argumentación de Liliana de Garófalo. Sus emociones se tiñen de argumentos racionales como un paliativo para el exabrupto de los otros padres, que insultaron y atacaron a huevazos a Estela de Carlotto. Pero el control de sus emociones, sin embargo, pierde paulatinamente efectividad, y su discurso se torna hacia el final profundamente *pathémico* (conmovedor).

Topos 11 (¿Distancia a ψ?): Focalización subjetiva de la producción de emociones
El estudio de la focalización subjetiva en el discurso permite establecer el grado de compromiso del locutor en su argumentación. Liliana de Garófalo argumenta en esta carta desde su desgarrada posición de madre que ha perdido un hijo. Como ella misma señala, el dolor es tan profundo y anti-natural que resulta imposible de expresar con palabras. De hecho, el que ha perdido a sus padres es "huérfano" o "huérfana", el que ha perdido a su cónyuge es "viudo" o "viuda", pero en cambio no existe, al menos en español, una palabra que denote la pérdida de un hijo.
La carta de Liliana de Garófalo pone en escena, por lo tanto, un locutor con un fuerte grado de compromiso emocional, en tanto representa sus sentimientos particulares, pero también, se enviste del sentimiento universal de cualquier padre ante la pérdida de un hijo.

Topos 12 (¿Acuerdo?): Evaluación global del evento
La carta patentiza la reacción emotiva de Liliana de Garófalo ante lo que ella considera "actos de incomprensión e injusticia". Sin embargo, sub-yace a su argumentación la idea de que solo su dolor es profundo y verda-dero, porque se distancia de otros intereses, como el político (de Estela de Carlotto). Es decir que, desde su punto de vista, su dolor se erige como patrón *pathémico* y entonces el dolor de otros padres (madres y abuelas de Plaza de Mayo, en realidad) es interpretado desde su perspectiva, como menos auténtico.

Tal como he señalado, la construcción de las emociones (directas o indirectas), en un texto, puede encararse no solo mediante el análisis de los *topoi* presentes en los argumentos, sino también a partir del estudio de los encadenamientos entre argumento y conclusión (Plantin, 1997:88). Un argumento es todo enun-ciado que contiene uno o más "rasgos argumentativos" (Plantin 1990:152), por lo cual *argumentos para una emoción* serían a aquellos enunciados que no con-tienen términos de emoción, pero cuyos rasgos argumentativos emocionales aparecen marcados por "marcadores de orientación emocional", es decir por *pathemas*.

Las emociones en los argumentos

• Argumento 1:
Usted ha estado durante muchos años luchando por la Verdad, Memoria y Justicia, como así también colaborando con la restitución de los jóvenes que fueran arrancados de su seno familiar. Ante el hecho definitivo de la ausencia de mi hija, también recorro su mismo camino en cuanto a encontrar Verdad, Memoria y Justicia para y por ella.

Argumento: El dolor engendra acción (lucha) más que pasividad (resignación).

Conclusión: Mi derecho a luchar por la ausencia definitiva de mi hija es tan válido como el suyo.

Emoción: Abierta. Dolor compartido. AFLICCIÓN.

Identificación entre agonista y antagonista. FALSA EMPATÍA.

• Argumento 2:
Encuentro al Sr. Ibarra responsable de la masacre perpetuada el pasado 30 de diciembre, debido a su jerarquía de Jefe de Gobierno de la Ciudad. De la misma manera que quiere ser aplaudido por sus logros, debe hacerse cargo de sus falencias. Sí, claro que también hay otros responsables, pero en este caso especial, estoy hablando del Jefe de Gobierno y la parte que a él le toca.

Argumento: La responsabilidad última de la masacre es del gobierno porque no cumplió con su rol de control.

Conclusión: El culpable es Ibarra y debe hacerse cargo de ello.

Emoción: Abierta. Intransigencia en el procesamiento del dolor. ENOJO, OFUSCACIÓN (incipiente).

Diferenciación de criterio entre agonista y antagonista.

• Argumento 3:

Le quiero recordar, Sra. Estela, que la violencia también se ejerce con la palabra. Decir que los padres que buscamos Justicia tenemos interés en derrocar a un Jefe de Gobierno por intereses políticos es violento. Acusarnos de "golpistas" es muy duro, y mucho más, viniendo desde usted. Le puedo asegurar que personalmente, no me encontraba entre el grupo que la insultó, lo cual me da libertad para poder decirle que acusar a esas familias destrozadas y desbordadas por el dolor de sus palabras, de "delincuentes", es incomprensible desde su lugar. O sea, si yo responsabilizo al Sr. Ibarra soy "golpista", y él no merece ser llevado a los Tribunales… ahora si la insulto, ahí sí, me debe caer el peso de la ley… realmente es incomprensible.

Argumento: La violencia también se ejerce con la palabra. El dolor debe engendrar comprensión y no violencia.

Conclusión: La actitud de la antagonista es incomprensible, por lo tanto responde a intereses ajenos (políticos) a la expresión del dolor.

Emoción: Abierta. Indignación, resentimiento.

Fuerte refutación y abierta confrontación entre agonista y antagonista.

• Argumento 4:

Lo que yo —una simple trabajadora nunca involucrada en política— veo desde mi pequeño mundo es que los verdaderos intereses políticos están en otro lado, y ese lado no es justamente el de estos padres y familiares que estamos acá, desvastados por la corruptela reinante entre gobernadores y falsos empresarios.

Argumento: El dolor por la perdida de un hijo engendra dos tipos de sentimientos: el puro y el contaminado por la política.

Conclusión: El dolor no contaminado por intereses políticos es un sentimiento más profundo y más auténtico, por lo tanto más valedero.

Emoción: Encubierta. Resentimiento, impotencia, desprecio.

Enemistad manifiesta.

• Argumento 5:

Con toda humildad, Sra. Carlotto, le pido que revea la situación. Le pido que usted, quien también perdió familiares en forma injusta y repentina, ponga una mano en su corazón, y reordene sus pensamientos. No sólo se arremete tirando huevos, también se arremete desde las descalificaciones a quien está transitando un duro camino para encontrar una respuesta a su dolor.

Argumento: La emoción es un lugar de reflexión tan válido como la racionalidad.

Conclusión: El discurso racional puede ser tan emotivo (violento) como los actos violentos.

Emoción: Semiencubierta. Falsa humildad, soberbia encubierta.

Manipulación y falsa identificación de la autora de la carta con su antagonista.

En el análisis precedente he dado cuenta de la indiscutible presencia de las emociones / pasiones en la carta de lectores. Sin embargo, como ya he señalado, la dimensión pasional no se circunscribe al nivel de "lo dicho", es decir a los "enunciados de emoción", sino que la enunciación misma, por medio de determinados recursos puede mostrar las emociones y provocar, también, la identificación con el auditorio.

La enunciación pasional

La carta de lectores con la que Liliana Garófalo responde a las acusaciones de "golpistas" y "delincuentes" por parte de Estela de Carlotto es, tal como he señalado, un texto refutativo en el cual los recursos a nivel del enunciado y a nivel de la enunciación, contribuyen a configurar un *ethos* en tensión, es decir con marcas primero de soberbia y luego de humildad epistémica.

En la Antigüedad, el término *ethos* aludía a la construcción de la imagen del orador, específicamente a los aspectos relacionados con su moral o con su reputación y, de la cual, dependía en parte el éxito del acto oratorio. Para el

Grupo μ (1987:234) el *ethos* se concibe como la impresión subjetiva del lector o del oyente ante un discurso que lo asimila, entonces, a lo que Aristóteles denominaba *pathos* en su *Poética*: un estado afectivo suscitado en el receptor por un mensaje particular, cuya cualidad específica varía entre otros parámetros en función del destinatario. El *pathos* consiste entonces en emocionar (*animos impellere*) a la audiencia con la finalidad de lograr su adhesión. Para las teoría enunciativas, en cambio, el *ethos* no solo no proviene de aspectos externos al discurso, sino ni siquiera de lo que el hablante refiere explícitamente de sí mismo en su alocución. El *ethos* es la apariencia que le confieren al locutor las huellas de la enunciación presentes en su enunciado: "El *ethos* está ligado a L, el locutor en tanto que tal: es porque él está en el origen de la enunciación que él se ve investido de ciertos caracteres que, por contragolpe, vuelven a esa enunciación aceptable o desechable" (Ducrot, 1984:201).

Voy a concentrarme en el siguiente enunciado con el que Liliana Garófalo acusa al por entonces Jefe de Gobierno de la ciudad de Buenos Aires de ser el responsable de la tragedia:

(1) *Encuentro* al Sr. Ibarra responsable de la masacre perpetuada el pasado 30 de diciembre, debido a su jerarquía de Jefe de Gobierno de la ciudad.

Como surge del ejemplo, sobre la forma *encuentro* se construye la refutación de un juicio fuertemente asertivo, que se basa en la consideración directa del objeto juzgado.

La forma *encuentro*, 1ª persona del presente del indicativo del verbo *encontrar* es un marcador de evidencialidad directa porque señala que lo que dice el locutor se origina en su experiencia personal. Comparemos los siguientes enunciados:

(2) Me parece que este libro es muy interesante.
(3) Lo *encuentro* (al libro) muy interesante.

En (3) el locutor deja entender que ha leído el libro y que su opinión se basa precisamente en dicho conocimiento, mientras que en (2) el locutor no afirma haberlo leído, por lo cual su opinión puede provenir de terceras personas o de inferencias propias.

La evidencialidad ha sido considerada durante mucho tiempo como una categoría exótica asociada primariamente con lenguas indoamericanas, del

Cáucaso o con lenguas de la familia tibeto-burmana. Sin embargo, existen estudios en lenguas indoeuropeas como el español, el francés y el inglés que demuestran que, si bien estas lenguas no disponen de un sistema evidencial tan elaborado como el del tuyuca, de igual modo pueden expresar la procedencia de la fuente de información con marcas lexicales o gramaticales, tanto para señalar evidencialidad directa como indirecta. Para el español, la mayoría de los especialistas coinciden en que esta lengua no marca la evidencialidad directa. Sin embargo, y este trabajo prueba en parte mi hipótesis, sostengo que el español posee marcadores de evidencialidad directa sensorial como el ítem *encuentro*, las construcciones sintácticas elevadas y no elevadas con el verbo *ver*, el adverbio *evidentemente*, la forma verbal gramaticalizada *mirá*, entre otros. Para señalar fuente indirecta: construcciones sintácticas con el verbo *ver*, el marcador de reformulación no parafrástico *en todo caso*, construcciones impersonales del tipo *Parece que*, discurso referido, uso de la preposición *de* en verbos de decir –según algunos autores–, verbos modales en su acepción epistémica, uso del futuro de duda con significado evidencial, el condicional de rumor, el uso del imperfecto como evidencial citativo, etc.

El ítem *encuentro* es entonces un evidencial directo cuando se comporta como un performativo, es decir que para que funcione como un juicio que realiza el locutor en presencia directa del objeto juzgado (lo está viendo) debe ocurrir obligatoriamente en 1ª persona del presente del modo indicativo y en forma afirmativa. En efecto, resultaría extraño un enunciado del tipo:

(4) *No lo *encuentro* interesante (al libro).

Este uso de *encuentro* subjetivo de (1) se contrapone al uso del marcador *claro que*[14] con el que, en el mismo párrafo, el locutor incorpora otras voces a su propio discurso. Efectivamente, *claro que* retoma el punto de vista del interlocutor "existen otros responsables" para introducir luego el punto de vista según el cual al Jefe de Gobierno le toca una "parte especial" de esa responsabilidad, es decir, toda o la mayor parte.

---

[14] S. Montero (2007) realiza un interesante análisis de este marcador en el discurso de la campaña presidencial de Néstor Kirchner.

(5) De la misma manera que quiere ser aplaudido por sus logros, debe hacerse cargo de sus falencias. *Sí, claro que* también hay otros responsables, pero en este caso especial, estoy hablando del Jefe de Gobierno y la parte que a él le toca.

Por otra parte, el adjetivo "responsable" que acompaña a la forma *encuentro* en (1) es un adjetivo calificativo deverbal que, en el contexto polémico de la carta, está usado como un adjetivo evaluativo axiológico peyorativo o de perspectiva despectiva que minimiza, tan solo *prima facie*, el grado de culpabilidad del Jefe de Gobierno. Y digo "tan solo *prima facie*" porque si bien se señala que Ibarra no es "culpable" sino "responsable", inmediatamente después se hace referencia al incendio en Cromañón como "masacre", por lo cual, implícitamente se está hablando de la culpabilidad del Jefe de Gobierno.

Desde esta perspectiva, *encuentro* en el contexto polémico de la carta y, en tanto señala que el locutor ha tenido un conocimiento directo de la información que transmite el enunciado, le permite a la locutora mostrarse muy segura de lo que dice: Ibarra es el responsable de la masacre. Y es esa seguridad la que contribuye a proyectar sobre la locutora un *ethos* discursivo con marcas de soberbia. Sin embargo, el valor argumentativo de esta forma *encuentro* radica en que, dada su estructura polifónica, desencadena otras estrategias de orden pasional que contribuyen a configurar un *ethos* con marcas de humildad y que coexiste en tensión con el más soberbio.

Veamos entonces cuáles son las propiedades enunciativas con las que la forma *encuentro* habilita en la carta la coexistencia de estos dos tipos de *ethos*: el de soberbia y el de la humildad.

Propiedades enunciativas de **encuentro**

Tal como he señalado, la enunciación de *encuentro* señala que la información que transmite el enunciado proviene de pruebas a las cuales el locutor ha accedido de modo directo. Efectivamente, en el enunciado (1) "Encuentro *al Sr. Ibarra responsable de la masacre perpetuada el pasado 30 de diciembre, debido a su jerarquía de Jefe de Gobierno de la ciudad*" al enunciar *encuentro*, el locutor está señalando que lo que es evidente y está a la vista no solo de él, sino también de los interlocutores, es que el responsable de la masacre es Ibarra y que dicha responsabilidad emana precisamente de su investidura de funcionario público ya que, en el momento en que ocurrió la tragedia, él era el Jefe de la Ciudad Autónoma de Buenos Aires. En otras palabras, el locutor tiene la certeza de este hecho, que no sabe de oídas o por algún tipo de deducción, sino que está a la vista de todos y que le permite, al enunciar *encuentro*, inscribir la certeza del conocimiento en su propia enunciación. Pero además, con *encuentro* el locutor está también emitiendo un juicio o una evaluación personal sobre la situación, que solo es posible a partir de dicha certeza. Este uso preformativo de *encuentro* se contrapone con *encontrar* como simple verbo transitivo y sin predicativo obligatorio que, como surge del ejemplo (6) que transcribo a continuación, se asimila con el significado de "hallar".

> (6) Ante el hecho definitivo de la ausencia de mi hija, también recorro su mismo camino en cuanto a *encontrar* Verdad, Memoria y Justicia para y por ella.

Comparemos los siguientes enunciados en los cuales el locutor también manifiesta de alguna u otra manera que conoce los hechos, pero en los enunciados de (7) a (9) dicho conocimiento es indirecto, mientras que solo en (10) con la enunciación de *encuentro* es directo:

> (7) *Creo que/Me parece que* [Ibarra] es responsable de la masacre.
> (8) Ibarra *sería* el responsable de la masacre.

> (9) *Según dice el juez*, [Ibarra] es responsable de la masacre.
> (10) *Encuentro* [a Ibarra] responsable de la masacre.

Pero supongamos ahora que un locutor no estaba en el país cuando sucedió la tragedia de Cromañón, es decir el 30 de noviembre de 2004. Sin embargo, con posterioridad a esta fecha se enteró —leyó o le contaron— lo sucedido. Ante esta circunstancia, estará habilitado para enunciar (7), (8) y (9) pero no (10), en tanto en los tres primeros interviene lo que O. Ducrot (1980:74) llama "la opinión del otro" y que le permite al locutor hacer suyo lo que otros dicen. En este último caso, el locutor estaría habilitado para enunciar "*Creo que Ibarra es responsable de la masacre*". Y si, por ejemplo, hubiera accedido a los documentos de la causa, podría decir (9), en cuyo caso confiaría y haría suya la opinión, por ejemplo, del juez que, en este contexto, se erige, en tanto especialista, como la voz autorizada. Por otra parte, es posible que el locutor influenciado por noticias periodísticas enunciara (7) *"Creo que / Me parece que Ibarra es el responsable de la masacre"*. En este enunciado, las noticias de la prensa funcionarían como hechos empíricamente verificables, es decir, como índices que autorizan al locutor a afirmar que Ibarra es responsable.

El enunciado (7) puede provenir de una inferencia personal, mientras que (8) y (9) provienen de fuentes verbales de terceros. Concretamente, en (8) la forma verbal "sería" es un condicional de rumor muy utilizado por el discurso periodístico con el cual el locutor señala que la información que transmite su enunciado, en este caso, la responsabilidad de Ibarra en los hechos de Cromañón, no son una opinión propia sino que provienen de una fuente verbal ajena a sí mismo. De allí que este uso del condicional sirva para marcar falta de responsabilidad del locutor frente al contenido de su enunciado. En cambio, si la opinión del locutor proviniera directamente de las pruebas de que Ibarra incumplió con sus deberes de funcionario público, permitiendo que el lugar fuera habilitado sin cumplir con los requisitos que la ley exige, es probable que el locutor enunciara "Encuentro *a Ibarra responsable de la masacre*" en lugar de "Creo que / Me parece *Ibarra es el responsable de la masacre*".

En conclusión, al enunciar (10) el locutor está señalando que su opinión proviene directamente de su experiencia personal, en este caso, de su conocimiento de la jerarquía gubernamental de Ibarra y, probablemente, de las pruebas judiciales.

Sin embargo, aunque basados en experiencias de distinta índole, los enunciados (7) a (9) también implican un juicio personal. Así, en el enunciado *"Creo que / Me parece que…"* se trata de un 'juicio indirecto' en tanto el locutor no ha estado en el lugar de los hechos ni conoce las pruebas judiciales, pero puede inferir por lo que dice la prensa, por ejemplo, que existe una cadena de culpables cuya cabeza está ocupada por el Jefe de la Ciudad de Buenos Aires. De este modo, el juicio indirecto puede fundarse sobre agentes de causa –i. e. la jerarquía gubernamental de Ibarra–, o sobre agentes de efecto, *i. e.* la corrupción en el circuito de habilitación de espacios públicos.

En síntesis, la forma *encuentro* en este contexto señala que se trata de un juicio directo, en el sentido de que debe estar basado en la consideración directa del objeto juzgado. Así, en el ejemplo (10) el cargo político de Jefe de Gobierno es la evidencia concreta con la que cuenta el locutor para juzgar a Ibarra responsable político de la tragedia.

Para explicar el significado y el alcance del concepto *juicio por parte de locutor* (Ducrot, 1980:79-80), comparemos los siguientes enunciados:

(11) Ibarra es responsable de la masacre.
(12) *Encuentro* a Ibarra responsable de la masacre.

El enunciado (11) puede servir para informar sobre un estado de cosas, es decir, para atribuir la etiqueta de "responsable" a Ibarra y considerarlo como uno más dentro del conjunto de los individuos a los que les cabe cualquier tipo de culpa en la tragedia. Por el contrario, en (12) el locutor no tiene la intención de señalar un estado de cosas, –*i. e.* la clase de los responsables– sino que quiere hacer saber al interlocutor su apreciación, lo que piensa sobre Ibarra en particular, para lo cual tiene que presentar el enunciado como justificado por el conocimiento directo de las pruebas que le permiten enunciar un *juicio inédito*, entendiéndose por tal la atribución de una etiqueta nueva a una situación o cosa que no estaba previamente etiquetada. Por el contrario, en (11) el locutor presenta la calificación de "responsable" como un juicio *preexistente* al momento de la enunciación y de la cual, entonces, no se hace cargo.

Otro ejemplo, fuera del análisis de la carta, puede aclarar esta idea. Por ejemplo, el enunciado (13) puede tener dos interpretaciones:

(13) a. Encuentro el vestido verde.
     b. *Encuentro* VERDE el vestido.

En (13) a. el locutor mediante el adjetivo *clasificante* "verde", incluye el vestido en la clase de los vestidos verdes, por lo tanto el verbo *encontrar* se asimila al significado de "hallar". Se trata de un enunciado en el que el locutor informa sobre un cierto estado de cosas. En (13) b., en cambio, el locutor señala que el vestido no era verde, sino azul, y que el hecho de que la humedad lo haya cambiado de color resulta algo inédito y no evidente; es decir que el valor *calificante* de "verde" cambia de clase al adjetivo. En este caso, *encuentro* se asimila al significado *evidencial* y está acompañado por una prominencia prosódica que constituye la marca de subjetividad del locutor. En otras palabras, en (13) a. la determinación del color del vestido no deviene de la enunciación de P, donde P es la atribución de una cualidad a un objeto o situación, sino que es previa a P, puesto que el vestido ya era verde antes del momento de la enunciación. Por lo tanto, es condición de ítem *encuentro* como evidencial directo que el juicio del locutor sea presentado como no evidente. Podemos formalizar lo dicho de la siguiente manera:

P, y yo encuentro P (+prominencia) = no evidente para L

Por otra parte, el locutor debe haber visto con sus propios ojos el vestido y juzgado que estaba verde. Siguiendo con el del vestido, comparemos los siguientes ejemplos:

(14) *Encuentro que el vestido es un Armani.
(15) *Encuentro* que el vestido es espectacular.

En (14), el locutor realiza una especie de especulación a partir de determinadas evidencias como pueden ser el diseño, los colores, etc. que le permiten inferir que el vestido es de una marca determinada –Armani– y no de otra, por ejemplo de Yves Saint Laurent. Pero la determinación de la marca es independiente de la actividad enunciativa. En otras palabras, para que sea posible la aparición *encuentro* evidencial, P no tiene que tener un carácter evidente para el locutor. Así, en (15) el locutor enuncia un juicio de valor, que presenta como una atribución original y personal de cuya veracidad se hace responsable desde el momento que enuncia la forma *encuentro*.

Para concluir, si el locutor elige enunciar *encuentro*, su evaluación debe presentarse como intrínseca y fundada sobre la experiencia, pero sobre la experiencia del aspecto específico del objeto, persona o situación que es objeto de su juicio.

Volviendo al ejemplo "Encuentro *a Ibarra responsable de la masacre*", como conclusión, podemos afirmar que *encuentro* no alude a una situación previa al momento de la enunciación, sino que contiene obligatoriamente la apreciación relativa a dicha situación. De allí que se combine de manera natural con expresiones del tipo *es más, estoy convencida de ello* (Ducrot, 1980:63):

(16) *Encuentro* a Ibarra responsable de la masacre. *Es más, estoy convencida de ello.*

Dicha evaluación supone una certeza construida a partir de determinadas evidencias que le permiten a la locutora atribuirle a Ibarra la calificación de "responsable" y agregar, *es más, estoy convencida de ello*. Por el contrario, en (17) no se trata de una evaluación sino de un hecho empírico, de algo que es verdadero y que se "halla" y, por lo tanto, la expresión en cuestión tampoco es posible:

(17) ?? Encontré a Ibarra Jefe de Gobierno de la Ciudad. *Es más, estoy convencida de ello.*

Veamos ahora la misma cuestión desde otro ángulo, comparando los enunciados (18) y (19).

(18) *Encuentro* al Sr. Ibarra responsable de la masacre.
(19) **Encuentro* al Sr. Ibarra Jefe de Gobierno de la Ciudad.

En (18) el locutor emite un "juicio de valor", mientras que por el contrario en (19), señala un "hecho empírico". El verbo *encuentro* se asimila al significado de "juzgar" y el locutor al enunciar que encuentra a Ibarra "responsable" realiza un juicio valorativo que se sustenta en el conocimiento directo de los hechos. En este sentido, resulta esclarecedor el reemplazo pronominal ya que, como se ve en los ejemplos, (18) admite el reemplazo mientras que en (19) resulta extraño, puesto que el verbo ha perdido el valor de percepción directa:

(18') Lo *encuentro* responsable.
(19') *Lo encuentro Jefe de Gobierno.

En síntesis, es válido reiterar que para que sea posible enunciar "Encuentro *a Ibarra responsable de la masacre*" es necesario que la evaluación de P sea presentada como la atribución inédita de una cualidad a un cierto objeto y no simplemente como la indicación de que el objeto encontrado posee dicha cualidad. En otras palabras, lo que el enunciado de (18) presenta como que ha sido "encontrado" no es una determinada situación, sino el hecho de que tal situación merece una evaluación cuya finalidad radica en asignarle a un hecho ya conocido una presentación inédita o, al menos, presentada como tal.

Juicio objetivo/subjetivo

El locutor que enuncia *encuentro* está calificando su enunciación como proveniente de una experiencia personal, subjetiva y percibida en forma directa, sin embargo, no dice aparentemente nada del modo en que ha interpretado lo percibido. Existe, pues, otra forma de evaluar la evidencia que incorpora los parámetros de objetividad y subjetividad (Nuyts, 2001)[15]. Veamos el siguiente ejemplo:

> (20) *Encuentro* al Sr. Ibarra responsable de la masacre.
> (21) *Creo que* Ibarra es responsable de la masacre.

El enunciado (20) es, tal como he venido describiendo, inherentemente subjetivo en el sentido que expresa un juicio personal e inédito sobre un tema que se supone cae dentro del ámbito de las experiencias o asuntos personales del hablante. En (21) en cambio, el locutor se muestra precavido, y atenúa su aserción dando a entender que su opinión proviene de otras fuentes (indirectas). Sin embargo (20) podría interpretarse de dos modos diferentes: como proferido en un caso por el juez de la causa y en el otro, por Liliana Garófalo:

> (20') L_1 *Encuentro* al Sr. Ibarra responsable de la masacre. (El juez)
> (20") L_2 *Encuentro* al Sr. Ibarra responsable de la masacre. (La madre)

Los enunciados (20') y (20") presentan el mismo grado de asertividad. Sin embargo, en (20") la locutora solo interpreta las evidencias a su alcance desde un punto de vista subjetivo. Su enunciación se presenta en realidad como una apreciación intuitiva que emana, como el de la mayoría de los padres de las víctimas, del más profundo y doloroso sentido común. Sin embargo, desde otro punto de vista, el de la ley, carece de la objetividad necesaria, ya que su juicio no permitiría, por ejemplo, destituir a Ibarra de su jerarquía gubernamental.

---

[15] Tomo el concepto de J. Nuyts (2001), pero lo reformulo en otro sentido.

La locutora de (20") expresa un juicio *subjetivo* respecto del modo de acceso a la fuente de conocimiento, pero también respecto a la evaluación de la evidencia. El locutor de (20'), en cambio, expresa un juicio subjetivo con respecto al modo de acceso a la fuente de conocimiento, pero *objetivo* respecto a la evaluación de dicha fuente.

Es así como el enunciado "Encuentro *al Sr. Ibarra responsable de la masacre*" podría evocar dos tipos de continuaciones discursivas: (21) proferido por el juez y (22) por la madre:

(21) L_1 Está condenado. (El juez)
(22) L_2 Hay que juzgarlo. (La madre)

Mientras que serían poco probables enunciados del tipo:

(21') ?? L_1 Hay que juzgarlo. (El juez)
(22') ?? L_2 Está condenado. (La madre)

Efectivamente, resultaría extraño, como lo ilustra (21') que el propio juez recomendara juzgarlo nuevamente y que la madre (22') pudiera realizar el acto de condena, es decir, tuviera la autoridad para decidir si se lo debe o no condenar.

En conclusión, las categorías de subjetividad y objetividad pueden leerse de dos modos diferentes: orientadas hacia el modo de acceso a la evidencia o hacia el modo de evaluar dicha evidencia. Así, el locutor que enuncia *encuentro* será más objetivo si cuenta con una enciclopedia adecuada para interpretar las pruebas directas.

Propiedades polifónicas: aserción y calificación

Desde el punto de vista polifónico, la enunciación de "Encuentro *al Sr. Ibarra responsable de la masacre perpetuada el 30 de diciembre*" contiene la realización simultánea de dos actos ilocucionarios distintos —una aserción y una calificación— atribuidos a diferentes enunciadores.

E_1 aserta la responsabilidad de Ibarra dada su jerarquía gubernamental. E_2 enuncia el juicio valorativo que alude a su responsabilidad, mostrando así su actitud frente a la enunciación de E_1.

El locutor, en tanto tal, se asimila al punto de vista puesto en escena por E_2, responsable del juicio en el momento de la enunciación, cuyo juicio de valor o apreciación subjetiva, contrapone la culpabilidad de Ibarra con la inocencia de los jóvenes muertos "que fueron arrancados de su seno familiar", mientras que E_1 simplemente aserta este dato. Dicho de otro modo, la forma *encuentro* despliega dos dimensiones –la cognoscitiva y la afectiva– que contribuyen a la configuración de un *ethos* refutativo en tensión, sobre la que se construye la estrategia refutativa de la carta.

Veamos entonces, cada una de estas dimensiones por separado:

• *Encuentro* y la dimensión cognoscitiva

Tal como he señalado, *encuentro* indica, por un lado, que el locutor ha accedido en forma directa a la información que transmite su enunciado, dimensión cognoscitiva y, por el otro, califica la enunciación como proviniendo de una experiencia personal y subjetiva, dimensión pasional, que emana, precisamente, del contacto directo con la fuente de conocimiento.

Para explicitar la primera de las dimensiones, es decir, la cognoscitiva, comparemos los ejemplos (23) a (25) en los cuales el locutor, mediante la forma *encuentro*, se hace plenamente responsable de su evaluación, aunque utiliza distintas pruebas para sustentar su juicio:

(23) *Encuentro* agresivas las palabras de Estela de Carlotto.
(24) *Encuentro* amargo el café.
(25) *Encuentro* esa cara casi real.

En (23), el acceso sensorial a la fuente de conocimiento es intelectiva (auditiva o visual); en (24) en cambio, es gustativa y, en (25), visual. Efectivamente, en (24) resulta obvio que no se trata de "ver" el café en el sentido de que sería imposible determinar si está dulce o amargo con solo verlo. Para (25) debemos imaginar la siguiente situación: estoy mirando una fotografía de la guerra del Golfo que fue publicada en el diario *Observer* en 1991 y que muestra a un soldado iraquí muerto en un tanque, quemado y rodeado de una ceniza polvorienta. La fotografía no parece totalmente real y me siento tentada de afirmar que ha sido trucada, a pesar de que recuerdo que desató un escándalo por su alto impacto verista. Mirando la fotografía afirmo: "Encuentro *esa cara casi real*" ("parece un trozo de paisaje del desierto", pienso). A pesar de ello, la imagen me afecta y me conmueve porque aunque no sea real en el sentido estricto de "verídica", lo es, sin embargo, en el sentido aristotélico de "verosimilitud", en tanto representa a todos los soldados iraquíes muertos.

Entonces en (25) el hablante tiene acceso directo visual a la fuente. Podemos formalizar (25) de la siguiente manera:

$$P, y\ yo\ veo\ P_1$$

La siguiente formalización no puede corresponder a (23), si bien la fuente de acceso a la información sigue siendo directa; se trata en realidad de (24) donde P puede ser saboreado:

$$P, y\ yo\ percibo\ P_2$$

Para (23) y (25), la fuente de acceso a la información sigue siendo directa y, aunque visual o auditiva, se le agrega el rasgo endofórico donde P es el estado interno del hablante: para (23) "Estoy enojada" y para (25) "Estoy conmovida".

$$P, y\ yo\ siento\ P_3$$

Los enunciados (23) y (25) admiten encadenamientos del tipo:

(23') *Encuentro* su postura muy soberbia y eso me mortifica.
(25') *Encuentro* esa cara casi real y eso me conmueve.

Nadie mejor que el propio hablante para dar cuenta de su estado interno, en nuestros ejemplos, "la mortificación" y "la conmoción".

Pero supongamos ahora que estoy mirando por televisión un programa donde enseñan a hacer repostería suizo-alemana. La hermana Bernarda, desde la vieja e impecable cocina del convento, muestra las masitas de chocolate y frutas secas, tentadoras y sencillas. Pero el poder sensorial de esa imagen es tan fuerte que puedo casi oler el aroma de la masa cocinándose en el horno, y se me hace agua la boca. Enuncio entonces (26):

(26) *Encuentro* deliciosas esas masitas.

Tanto el olor como el sabor son, en este caso, experiencias "virtuales" que surgen a partir de la observación mediatizada de las masitas y no de su degustación. Pero su valor endofórico es tan fuerte que el hablante presenta su enunciado como un juicio personal, inédito y directo.

En conclusión, el modo de acceso directo a la fuente de conocimiento puede codificar distintos tipos de información: visual, sensorial (auditiva, gustativa u olfativa) pero también, endofórica (Plungian, 2001). El valor endofórico refleja un estado interno del hablante, las emociones, las sensaciones, los sentimientos y la vida afectiva en general.

• *Encuentro* y la dimensión pasional

El modo en que el locutor conoce la fuente de información, le permite mostrarse no solo más o menos asertivo con respecto a su enunciado, sino también más o menos conmovido; y es la subjetividad llevada al primer plano enunciativo, lo que provoca la emergencia del sujeto pasional en la superficie del discurso.

Tal como he demostrado hasta aquí, *encuentro* manifiesta la interfaz entre el enunciado y la enunciación y, por lo tanto, no solo refleja la experiencia cognoscitiva —equivalente a lo intencional— sino también la experiencia afectiva o pasional, que "comporta un elemento de sensibilidad directa y encarna además, una tendencia espontánea a actuar de manera muy específica" (Parret, 1995*a*:161; 1995*b*:37). En este sentido, *encuentro* es un *pathema* que, tal como veremos a continuación, refleja la competencia pasional del sujeto de la enunciación mediante los procedimientos discursivos de performativización y figurativización.

La función emotiva es según H. Parret (1995*a*:42) la "expresión y la evocación de sentimientos, actitudes, opuesta a la función simbólica o referencial que llega a aserciones que tienen un valor de verdad". Según este autor (*idem*:41), dos son las estrategias mediante las cuales el sujeto pasional se "presentifica", se expresa en el discurso: la performativización y la figurativización.

Hablando de performativización pienso sobre todo en la tradición de la filosofía del lenguaje común, corriente, bien conocida en filosofía anglosajona o analítica. La figurativización, procedimiento complementario, alude esencialmente a los trabajos de la retórica antigua y a su reinterpretación en semiótica contemporánea.

a) El ítem *encuentro* como estrategia de performativización

La concepción enunciativa de la performativización es la puesta en discurso de la subjetividad y de su intensidad *pathémica* a través de la explicitación de la fuerza emotiva de los enunciados. Tal como señala H. Parret (1995*a*:171), "Esta fuerza emotiva no existe aislada y anteriormente al enunciado: es la enunciación parcialmente enunciada, o un efecto del enunciado en tanto operación de fuerza". En este plano interviene la performatividad como estrategia de puesta en discurso de las emociones.

He señalado antes que el ítem *encuentro* funciona como un performativo puesto que, de hecho, ocurre en 1ª persona del presente del indicativo y en enunciados afirmativos. Si bien la estrategia de performativización es utilizada en toda la carta (usos performativos: "Le aclaro que", "Le quiero recordar", "Le puedo asegurar que", "Lo que yo veo es que", "Le pido que"), trataré de demostrar a continuación, el modo en que *encuentro* se comporta como un performativo dentro de la dinámica discursiva de la carta de lectores.

Según J. Austin [1962] (1982), existen performativos que no ocurren necesariamente en primera persona del singular del presente del indicativo pero que tienen un valor performativo. En efecto, los *performativos explícitos* contienen el indicador explícito del acto de habla, mientras que los enunciados *performativos primarios o implícitos* permiten interpretar el performativo mediante otros recursos como la entonación, los adverbios, los conectores, etc. Así por ejemplo "*¡No digas una palabra más!*" es un enunciado primario que parafrasea al explícito: "*Te ordeno que te calles*".

Por su parte O. Ducrot (1980:85-91) sugiere, de modo similar a J. Austin y a partir de la noción de "derivación delocutiva" introducida por

É. Benveniste, que el enunciado *"Pierre encontró que Jacques era gentil"* podría derivarse de *"Pierre dijo: 'Encuentro que Jacques es gentil'"*.

Volviendo al ejemplo "Encuentro *al Sr. Ibarra responsable de la masacre perpetrada el 30 de noviembre*" con el que he estado trabajando, y repetido ahora como (27) a. sostengo, a diferencia de O. Ducrot,[16] que el ítem *encuentro*, se asimila al significado de "juzgar", mientras que en el enunciado (27) b. *Liliana Garófalo encontró al Sr. Ibarra responsable de la masacre*, el cambio de persona y de tiempo anula la interpretación evidencial. En tercera persona, es decir la forma *encuentra*, el verbo *encontrar* actúa como un delocutivo, cuya enunciación no surge del momento del habla sino que es previa a dicho momento y presupone: "Liliana Garófalo, la mamá de Florencia Diez dijo: '*Encuentro* al Sr. Ibarra responsable de la masacre'". De este modo, no se trata del ítem *encuentro* asimilado al significado de "juzgar", que implica un juicio personal e inédito, sino del verbo epistémico cuyo significado se asimila a 'hallar':

(27) a. *Encuentro* al Sr. Ibarra responsable de la masacre. [≈ juzgar]
  b. Liliana Garófalo, la mamá de Florencia Diez, encontró al Sr. Ibarra responsable de la masacre. [≈ hallar]

Algo similar ocurre con el tiempo verbal, puesto que solo en presente del indicativo se mantiene el significado evidencial:

(28) *Encontré* al Sr. Ibarra responsable de la masacre. [Lo hallé]

En esta ocurrencia, *encontrar* se asimila a las matrices factivas de los verbos de percepción visual y cambia su significación evidencial –*i. e.* un juicio personal e inédito– por la de 'hallar':

Aplicando el razonamiento de O. Ducrot, (30) puede considerarse como una derivación de (29):

(29) Liliana Garófalo *encontró* al Sr. Ibarra responsable (de la masacre).
(30) Liliana Garófalo dijo: "Lo *encuentro* responsable" (de la masacre).

---

[16] Del mismo modo que O. Ducrot, C. Kerbrat-Orecchioni (1997:196) considera equivalentes los enunciados "Lo encuentro lindo" y "Lo encuentra lindo".

Y encontró X de p = Y dijo: "Yo encuentro X de p".

En efecto, *encontrar* en (29) está empleado con un sentido performativo en una expresión no performativa y, por lo tanto, transmite un uso performativo virtual. De hecho, ambos enunciados se diferencian porque (29) podría pensarse como un discurso referido en estilo indirecto:

(29') Liliana Garófalo encontró que el Sr. Ibarra era responsable
  (de la masacre).

mientras que (30) está en estilo directo. En efecto, en (30) hay dos situaciones de enunciación: el discurso citante, que opera como marco del discurso citado al que contiene y, el discurso citado "Lo *encuentro* responsable". También contiene dos locutores: L_1 a quien solo se puede identificar, si se conoce la situación extralingüística y L_2, (Liliana Garófalo) cuya identificación proviene del discurso citante. L_1 pone en primer plano el discurso de L_2 y le atribuye la responsabilidad de la enunciación. De este modo, el juicio y la presuposición de que "ser el responsable" es algo reprobable, se atribuye al hablante citado, es decir a Liliana Garófalo. Y para que ello suceda, el verbo debe estar usado en a 1ª persona del presente del indicativo. Por el contrario, en (29') la responsabilidad de la enunciación recae en el locutor que cita y no en el locutor citado, dado que se trata de un enunciado en estilo indirecto.

En conclusión, para que sea posible decir "Encuentro *al Sr. Ibarra responsable de la masacre*", la actitud del locutor debe consistir en que la evaluación de p sea presentada como la atribución inédita de una cualidad a un cierto objeto o situación y no simplemente en señalar que el objeto encontrado posee cierta cualidad. "*Encuentro*" presupone: "p es un juicio personal e inédito", es decir que da como marco implícito de su discurso la creencia "p es un juicio que se origina en la experiencia personal y que el locutor presenta como inédito".

Sería posible pensar, entonces, que *encuentro* en 1ª persona del singular del Presente del Indicativo –según la clasificación de verbos delineada por J. Austin–, equivale a un performativo que contiene el indicador explícito de la naturaleza del acto de juzgar, es decir que consiste en el acto de pronunciar un juicio basado sobre la experiencia de la cosa juzgada. Y, entonces, dado que su enunciación equivale a la realización del acto, no puede ser evaluado en términos de verdad / falsedad –tiene carácter de acción más que de descripción– y no puede ser negado.

b) El ítem *encuentro* como estrategia de figurativización
H. Parret (1995*a*) define la figurativización como la puesta en discurso de la subjetividad a través de la fuerza figurativa. Según este autor, (Parret, 1995*a*:174) semantizar significa hacer nacer "un mundo" de contornos figurativos.

> Desde el momento en que los términos sintácticos (sujeto, sujeto de valor, relación) son objeto de un investimento semántico, hay figurativización. La introducción de lexemas como *cabeza*, *sol*, *corazón*, *automóvil*, *rey*, *bosque*, *invierno*, transforma al sujeto hablante en verdadero *actor*, experimentando un anclaje espacio-temporal: el actor espacio-temporalmente localizado, comienza a moverse en contornos figurativos, tomados todos del mundo que nos rodea.

La fuerza figurativa entonces manifiesta, al igual que la fuerza emotiva, la subjetividad en el lenguaje. Pero se trata de la subjetividad en la instancia de enunciación discursivizante, es decir, *no antes*, sino *en* el discurso.

El verbo *encuentro* pertenece a las expresiones que se especializan en la mostración de la subjetividad[17] y, en tal sentido comparte con las interjecciones ciertos rasgos (Anscombre, 1990:79 ss.):

a) Como todo término de mostración tiene una gran afinidad con la posición frontal.

(31) a. *Encuentro* al Sr. Ibarra responsable de la masacre.
     b. *Encuentro* responsable de la masacre al Sr. Ibarra.
     c. *Responsable de la masacre al Sr. Ibarra *encuentro*.

La persona o cosa de la que se predica, en este caso el Sr. Ibarra, puede aparecer en posición anafórica, sin embargo la posición frontal del verbo se mantiene:

---

[17] La enunciación del ítem *encuentro* se ubica dentro del *continuum* objetividad / subjetividad: "Es interesante", "Lo encuentro interesante", "Me interesa" y "¡Qué interesante!".

(32) Al Sr. Ibarra, lo *encuentro* responsable.

b) Introduce siempre una calificación subjetiva del locutor, como lo prueba la gran compatibilidad con los términos *calificantes* y la imposibilidad de relacionarse con términos *clasificantes* (Milner, 1978) como lo demuestran los ejemplos (33) y (34). Dentro de los calificantes, figuran los que indican el grado extremo en la gradación del predicado como en (35), pero también los mixtos como en (36), cuya lectura sin embargo será siempre calificante:

(33) *Lo *encuentro* **Jefe de Gobierno**.
(34) *Lo *encuentro* **pájaro que comió, voló**.
(35) *Encuentro* al Sr. Ibarra **absolutamente responsable** de la masacre.
(36) *Encuentro* **responsable** al Sr. Ibarra.

c) La calificación subjetiva que entraña la forma *encuentro* suele aparecer acompañada por un acento de intensidad sobre el adjetivo cuya función es poner en escena una calificación de la enunciación en la que aparece. Dicho de otro modo, el acento constituye la marca de la subjetividad del locutor (García Negroni, 1995, 2003) que se identifica con el enunciador responsable del punto de vista desencadenado por su enunciado:

(37) *Encuentro* al Sr. Ibarra RESPONSABLE de la masacre.

d) El locutor que dice *encuentro* califica su enunciación, muestra el grado extremo de su expresividad –en similitud con las expresiones interjectivas– y, por lo tanto, su enunciado puede ser reemplazado por un gesto (García Negroni, 1995, 2003):

(38) Lo *encuentro* (pero) [gesto] TOTAL Y ABSOLUTAMENTE **responsable**.[18]

Habiendo explicitado la configuración polifónica de *encuentro* que, en su dimensión cognoscitiva manifiesta el grado de certeza del locutor y en la afectiva,

---

[18] Resulta interesante destacar que los gestos varían según el registro en el que se inscribe el término calificante en cuestión.

muestra la subjetividad y la vida pasional del locutor, doy cuenta ahora de que la estrategia refutativa sobre la que se construye la carta de lectores es precisamente este marcador de evidencialidad. Efectivamente, diciendo *encuentro* el locutor habilita la ocurrencia de otros recursos discursivos que, por un lado, refuerzan la aserción y, por el otro, "encienden" la pasión y que, entonces, acrecientan la tensión entre un *ethos* con marcas de soberbia y, a la vez, de humildad.

Ethos refutativo en tensión: de la refutación racional a la persuasión pasional

• *Figuras que refuerzan la aserción*

La superestructura del texto de la carta está organizada en tres partes:
   a. La presentación de las antagonistas (1° y 2° párrafos)
   b. La acusación (3er párrafo)
   c. La refutación propiamente dicha (4°, 5° y 6° párrafos)

En la presentación de las antagonistas (1° y 2° párrafos) prevalece el sentimiento de aflicción y empatía entre ambas, pero es en el segundo momento (3er párrafo) en el que se sella la estrategia argumentativa. Antes de refutar los dichos que han dado origen a toda la controversia, la autora de la carta, Liliana Garófalo, reafirma, sin negar que existan otros responsables, y a modo de desafío, la causa de su acusación: el Sr. Aníbal Ibarra es el responsable de la masacre perpetrada el 30 de diciembre de 2004. Y para sostener dicha acusación, necesita poner en escena un locutor que proyecte un *ethos* con marcas de asertividad para, entre otras cosas, validar la certeza de su juicio: la prueba es visible para todos y recae en la responsabilidad política del Jefe de Gobierno de la ciudad.

La dimensión de *encuentro* a la que llamé cognoscitiva coincide entonces con la presentación de las antagonistas y con la instauración de las posiciones enunciativas desde las cuales se va a realizar la refutación (párrafos 1 a 4). A su vez, esta dimensión habilita "figuras", en palabras de H. Parret, que refuerzan la asertividad y cuya función es sostener la tesis implícita que subyace a toda la refutación: "El dolor no contaminado por intereses políticos es un sentimiento más profundo y más auténtico, por lo tanto, más valedero". A continuación, ejemplifico algunas de las figuras que refuerzan la aserción:

• Figuras asertivas:
• Marcas de primera persona:

Soy Liliana Garófalo; No **avalo** ni **justifico** la violencia; **Recorro** su mismo camino; **Estoy hablando** del Jefe de Gobierno; Si **yo responsabilizo**... ahora sí la **insulto**...

• Tratamiento formal para dar al discurso apariencia de racionalidad y mesura:

Usted ha estado durante muchos años luchando...; recorro su mismo camino; Encuentro al **Sr.** Ibarra responsable...; O sea sí yo responsabilizo al **Sr.** Ibarra; Le quiero recordar **Sra.** Estela...

• Uso de performativos explícitos modalizados:

Le **aclaro que**; **encuentro**; le **quiero recordar** que; le **puedo asegurar** que...

• Uso de eufemismos con los que se alude a la "sustracción ilegal" o rapto de bebés durante la dictadura para resaltar el contenido implícito de la argumentación: "Solo en apariencia estamos del mismo lado, puesto que mi dolor, al no estar contaminado por la política, es más auténtico". Así, la labor política de Estela de Carlotto es presentada como una mera "colaboración" y los bebés sustraídos en la época de la dictadura son llamados "jóvenes" y no "chicos":

Colaborando con la restitución de **jóvenes** [...] que fueran **arrancados** de su seno familiar

• Incisos restrictivos del alcance de la aserción:

También recorro su mismo camino **en cuanto a**...; pero **en este caso especial** estoy hablando de...

• Inscripción en el enunciado del intertexto polémico para reforzar su refutación, por ejemplo con el evidencial citativo "claro que":

Sí, **claro que** también hay otros responsables.

• Comentarios metadiscursivos que evalúan la enunciación de la antagonista:

Decir que los padres que buscamos Justicia tenemos interés en derrocar a un Jefe de Gobierno por intereses políticos **es violento**. **Acusarnos** de "golpistas" **es muy duro**, y mucho más viniendo de usted; (…) **acusar** a esas familias destrozadas y desbordadas por el dolor de sus palabras, de "delincuentes", **es incomprensible** desde su lugar.

• Metaforización del dolor y la muerte para darle al discurso una apariencia de racionalidad:

Ante el **hecho definitivo de la ausencia** de mi hija (=muerte)

[…] recorro **su mismo camino** (hago su mismo duelo)

• Figuras que refuerzan la pasión

Si bien en el cuarto párrafo el *ethos* se muestra todavía con marcas de soberbia y suficiencia deductiva, en razonamientos del tipo "**O sea, si yo responsabilizo** al Sr. Ibarra soy "golpista", y **él no merece** ser llevado a los tribunales… ahora **si la insulto** ahí sí, **me debe caer** el peso de la ley…" y con marcas de objetividad: "Le puedo asegurar que **personalmente, no me encontraba entre el grupo que la insultó, lo cual me da libertad** para decirle…", sin embargo este párrafo resulta una especie de bisagra discursiva. Efectivamente, es a partir de esta instancia donde comienzan a aparecer las figuras de la emoción y el discurso se vuelve eminentemente *pathémico*.

El pasaje desde la dimensión cognoscitiva a la afectiva se produce concretamente en los últimos tres párrafos (4°, 5° y 6°) en los cuales la empatía en el procesamiento del dolor de ambas madres se quiebra, dando lugar a una incipiente intransigencia que culmina en un sentimiento abierto de enojo. La violencia verbal llega entonces a su máxima expresión, y los sentimientos de impotencia, indignación y resentimiento marcan el clímax *pathémico*. Sin embargo, se trata de un discurso aparentemente controlado, teñido de racionalidad y logicidad, que imita al de su antagonista, Estela de Carlotto, quien en conferencia de prensa, ha acusado a los padres de Cromañón de "golpistas".

En lo que sigue ejemplifico las figuras emotivas:

- Figuras emotivas:
- Apelación directa a la antagonista por su nombre de pila:

En el cuarto párrafo, a su raciocinio:

*Le quiero **recordar** Sra. Estela que…*

En el último párrafo, a sus emociones:

*Le pido que revea su situación. Le pido que usted, quien también perdió familiares en forma injusta y repentina, **ponga una mano en su corazón** y reordene sus pensamientos.*

- Utilización de léxico emotivo (subjetivemas) para refutar la tesis implícita de la antagonista:

Simple trabajadora nunca involucrada en la política; *veo desde **mi pequeño mundo;** **padres desvastados** por la **corruptela reinante;** quien también perdió familiares en **forma injusta y repentina;** […] un **duro camino** para encontrar respuesta a su dolor.*

- Modalización de la enunciación:

Con toda humildad, *Sra. Carlotto, le pido que revea la situación…*

- Reiteración enfática de comentarios metadiscursivos:

*[…] acusar a esas familias […] de "delincuentes", **es incomprensible;** o sea si yo responsabilizo al Sr. Ibarra, soy "golpista" […], ahora si yo lo insulto ahí sí, me debe caer el peso de la ley… **realmente es incomprensible.***

- Reformulación de la tesis de la antagonista a favor de la propia argumentación:

No solo se agrede tirando huevos, *también se agrede* desde las descalificaciones…

- Uso de deícticos en la configuración del espacio emotivo:

*Lo que **yo** […] veo desde **mi** pequeño mundo…; […] los intereses políticos están en otro lado, y **ese** lado no es justamente el de **estos** padres y familiares que **estamos acá**…*

- Configuración simbólica y generalizadora del dolor mediante el uso de la tercera persona:

*[…] también se agrede desde las descalificaciones **a quien está transitando** un duro camino para encontrar una respuesta a su dolor.*

Consideraciones finales

En este capítulo he caracterizado las propiedades enunciativas y polifónicas del evidencial *encuentro* dentro de la dinámica discursiva de la carta de lectores de Liliana Garófalo, madre de una víctima de la tragedia de Cromañón, a Estela de Carlotto. El propósito de dicho análisis ha sido demostrar que la estrategia refutativa mediante la cual el locutor de esta carta configura su *ethos* discursivo con marcas a la vez de soberbia y de humildad, se sustenta en la doble naturaleza del evidencial *encuentro*. Y, aunque soy consciente de que han quedado numerosos aspectos sin desarrollar, el enfoque argumentativo elegido para el análisis, junto con los aportes de Ch. Plantin para el tratamiento de las emociones en el discurso argumentativo, me han permitido arribar a conclusiones interesantes:

a) Las pasiones trazan en el texto un recorrido coherente no solo con los tres momentos argumentativos señalados más arriba: presentación, acusación y refutación, sino también con los recursos que habilitan cada una de las facetas de *encuentro* evidencial: la cognoscitiva y la afectiva o pasional.

b) Este efecto se logra mediante la configuración de un *ethos* refutativo en tensión, que consiste en trasladar la argumentación desde la dimensión cognoscitiva –inaugurada por el juicio asertivo emitido con el evidencial *encuentro*– a la dimensión afectiva. Mediante la enunciación de *encuentro*, como ya he señalado, el L sustenta su opinión en su competencia cognoscitiva e instaura un *ethos* con un alto grado de polemicidad y con marcas de soberbia. Pero también emite un juicio mediante el cual manifiesta su expresividad, es decir su actitud emocional, utilizando distintas estrategias de orden pasional (performativización y figurativización) que, al coexistir con las epistémicas, provocan que el *ethos* devenga, de una figura sustentada por su competencia cognoscitiva (con marcas de soberbia), en otra, cuya estructura es eminentemente emocional (y más humilde). Pero en realidad se trata de un simulacro de humildad, ya que consiste en reflejar solapadamente en el propio discurso, la soberbia del discurso del oponente, lo que, paradójicamente lo vuelve tanto o más soberbio que este.

Finalmente, y tal como señala H. Parret (1995*a* y *b*) si el hombre de pasión está presente en su discurso, no es porque las pasiones se traduzcan sustancialmente en las figuras del discurso, sino porque la fuerza emotiva modifica, como un operador radical, todo el texto.

De allí que en la carta de Liliana Garófalo, *encuentro* evidencial sea la estrategia argumentativa sobre la que se construye la configuración pasional del *ethos*. Y de allí también que esta sola estrategia valga, al menos en esta oportunidad, para demostrar que es gracias a la tensión emocional con la que se manifiesta el *ethos* –con marcas a la vez de soberbia y de humildad– como la refutación alcanza su mayor efectividad.

Capítulo 4

LOS RELATOS TESTIMONIALES DE CROMAÑÓN

En este capítulo, analizo en los testimonios de Oscar Filardi, Armando Cansiani, Amelia Borrás, Matías y Eliana, Fabiana Puebla, Florencia, Ricardo Righi, Facu, Mauge, Gera, Matías, Marcelo Portelli, Viru, Cami, Jorge Kehiayan, Fico, Domi, Sonia, Cristian Portelli *y del cantante del grupo de rock* Callejeros, Patricio Santos Fontanet, *los recursos con los cuales los sobrevivientes y los padres de las víctimas* describen *lo que vieron y sintieron la noche del 30 de diciembre de 2004. Para ello, en primer lugar, caracterizo la* descripción *como la secuencia en la cual el proceso perceptivo encuentra su mejor manifestación discursiva. Analizo, luego, el modo en el que distintas construcciones con el verbo* ver [ver que + *verbo conjugado*], [ver + *od de persona o cosa*] *dan cuenta a través de la secuencia descriptiva de los aspectos discursivos implicados en el despliegue cognoscitivo del locutor, como por ejemplo, la pulsión estratégica entre el saber y el no saber. Demuestro que con estos recursos el locutor prueba la veracidad de los hechos y, entonces, garantiza la validez de su testimonio. Y si bien es cierto que despliega una imagen discursiva* (ethos) *de certeza y seguridad, muchas veces la utiliza para dar mayor dramatismo a los hechos que describe. Porque como destaco en este capítulo, la percepción no solo es la actividad de un locutor inteligible y racional, sino también la de uno sensible y pasional. En efecto, el cuerpo como centro de las percepciones y de los datos que le llegan al locutor desde el exterior es también el lugar interior donde se desencadenan sentimientos y emociones. Y es precisamente en la dimensión enunciativa que ha dado en llamarse "pasional" donde los evidenciales directos de acceso sensorial (construcciones con el verbo* ver [la/lo/las/los + ver + inf], [ver que + *verbo conjugado*] *con el significado de "darse cuenta" o con algún rasgo* pathémico *—gramatical o contextual— al igual que el ítem* veo *asimilado a la acepción de "juzgar", y la forma gramaticalizada* mirá] *manifiestan el rasgo pasional de la enunciación.*

En síntesis, en este capítulo demuestro que es gracias a la enunciación de los evidenciales directos de acceso sensorial —construcciones sintácticas con el verbo ver *y el ítem* mirá— *que los locutores-testimoniantes de la tragedia de Cromañón* configuran no solo la dimensión cognoscitiva de la enunciación descriptiva, en la cual el locutor se asimila a un observador intelectivo, sino que además despliegan la dimensión pasional, porque ponen en escena un locutor sensible como cuerpo "sufriente".

120

La pasión como huella perceptiva

Primera parte:

Construcciones sintácticas con el verbo *ver*

Introducción

Tal como señala A. Greimas (1973), la percepción es la primera forma de mediación entre el sujeto y el mundo y, por lo tanto, representa la base sobre la que se cimienta la aprehensión de la significación. El acto perceptivo en el cual el cuerpo opera como intermediario entre el mundo interior de quien percibe y el mundo que lo rodea se manifiesta discursivamente de manera más plena en la secuencia descriptiva (Filinich, 2003:54). Dicho de otro modo, el dominio de lo descriptivo es el lugar donde la percepción tiene una presencia privilegiada, porque es en esta secuencia en la que el sujeto de la enunciación se centra en el despliegue de un tipo de hacer, el perceptivo, y le atribuye a un observador los puntos de vista y la organización de los saberes o, si se trata de la distribución de la carga afectiva, delega la mirada en un sujeto pasional.

En el caso particular de los testimonios de la tragedia de Cromañón[19] con los que voy a trabajar en este capítulo, sucede que los sobrevivientes no solo

---

[19] El corpus de aplicación que utilizo en este capítulo está conformado por a) desgrabaciones de las declaraciones de los familiares de la tragedia de Cromañón durante las sesiones de la Comisión investigador de la Legislatura de la Ciudad Autónoma de Buenos Aires del 20 de mayo de 2005. Versión taquigráfica disponible en: <http://www.quenoserepita.com.ar>; b) reportajes realizados por alumnos de 1er. año de la Facultad de Ciencias de la Comunicación (UBA) a los sobrevivientes disponibles en: <http://www.ayeshalibros.com.ar/html/reportajes/cromanon/htm>; c) testimonios

han presenciado los acontecimientos, sino que además los han vivenciado. Es decir que en estos testimonios abundan cierto tipo de recursos perceptivos que representan el punto de vista de un testigo ocular que describe lo sucedido y que debe legitimar su versión de los acontecimientos con un "yo estuve allí", un "yo vi lo que sucedió". Pero estos recursos además de transmitir lo percibido, permiten expresar el padecimiento de las víctimas que presenciaron los trágicos acontecimientos de aquella noche. Estos recursos son llamado *evidenciales directos de acceso sensorial* y marcan una suerte de articulación entre la dimensión cognoscitiva y la pasional.

Como señalé antes, en los testimonios, un testigo ocular describe los acontecimientos que ha presenciado para lo cual convoca la figura de un observador que se desplaza en simultaneidad con lo percibido, lo que produce la imagen de coexistencia con los elementos observados. Es decir, que lo que provoca que el discurso descriptivo emerja a la superficie del texto haciéndolo más perceptible, no son solo rasgos lingüísticos como la acumulación de adjetivos, el predominio del tiempo presente y del imperfecto, o el tipo de referente –paisajes, personajes– que el discurso toma como objeto, sino el giro enunciativo del locutor que produce el efecto de simultaneidad entre quien percibe y el objeto percibido. Efectivamente, el locutor cambia de posición e instala otro centro de referencia en el discurso (ya sea el recorrido que realiza un observador o el de un sujeto pasional), "el cual, para dar lugar al despliegue de una descripción, forma particular de organizar la materia verbal, pone el acento sobre ciertas *lógicas*, la de la aprehensión y el descubrimiento (del mundo, de sí mismo) y la del acontecimiento (en tanto afectación del ánimo del sujeto), en detrimento de la lógica de la transformación (sometida a un programa de acción)", propia del discurso narrativo (Filinich, 2003:30).

Por el contrario, en la narración el locutor se mantiene en un presente continuo desde el cual da cuenta de la sucesión temporal de los acontecimientos.

En síntesis, en la enunciación descriptiva, el locutor pone en escena un enunciador en simultaneidad con lo descripto, a diferencia de en la

---

consignados en AA.VV. (2005) *Generación Cromañón. Lecciones de resistencia, solidaridad y rocanrol*, Buenos Aires, lavaca y en E. Ratti y F. Tosato (2006) *Cromañon. La tragedia contada por 19 sobrevivientes*, Buenos Aires, Planeta y d) reportaje al grupo "Callejeros" realizado por el periodista Nelson Castro en el programa de TV "El juego limpio" del 3 de marzo de 2005. En todos los casos, los fragmentos y las palabras destacadas (bastardillas y subrayados) son míos.

narración en la cual el locutor se mantiene en un presente continuo desde el cual da cuenta de la sucesión temporal de los acontecimientos, es decir, de las relaciones cronológicas y causales del discurso narrado.[20] Dicho de otro modo, a diferencia de lo que ocurre en la narración, en la descripción el objeto descripto no se presenta en un ordenamiento progresivo sino bajo la forma de simultaneidad o de coexistencia, concepto que M. I. Filinich (2003:18) analiza a partir de la figura de la *evidentia* que, en la tradición retórica, se asociaba a la descripción. H. Lausberg (1976:224-225) la define como:

> [...] la descripción viva y detallada de un objeto mediante la enumeración de sus particularidades sensibles (reales o inventadas por la fantasía). El conjunto del objeto tiene en la *evidentia* carácter esencialmente estático, aunque sea un proceso; se trata de la descripción de un cuadro que, aunque movido en sus detalles, se halla contenido en el marco de una simultaneidad (más o menos relajable). La simultaneidad de los detalles, que es la que condiciona el carácter estático del objeto en su conjunto, es la evidencia de la simultaneidad del testigo ocular, el orador se compenetra a sí mismo y hace que se compenetre el público con la situación del testigo presencial.

Esta definición explica el modo en que opera la simultaneidad tanto a nivel del enunciado como de la enunciación. Así, a nivel del enunciado, el discurso verbal se organiza en torno de las particularidades sensibles de objetos y procesos sobre el eje de su presencia simultánea. En el nivel de la enunciación, en cambio, se infiere la presencia de un testigo presencial (el observa-

---

[20] Si bien se aleja del tipo de descripción testimonial con la que trabajo en este oportunidad, resulta interesante tomar en cuenta la propuesta de B. Lavandera (1985) quien, en el marco del Análisis del Discurso y, a partir de un trabajo de Ch. Linde y W. Labov (1975), analiza las dos estrategias que en general utilizan los hablantes en la descripción de un departamento: como si se tratara de un plano o como si se acompañara al oyente en una especie de *tour* virtual por el departamento. Por su parte, W. Labov y J. Waletzky (1967), desde un enfoque funcional, distinguen en las narraciones orales de experiencias personales de adultos y niños de clase baja a clase media dos funciones: la referencial y la evaluativa. Según estos autores, esta última función es más elaborada que la referencial y requiere la transformación de la secuencia primaria basada en la relación "a-entonces-b", en una forma más compleja.

dor puesto en escena por el descriptor), que dispone los detalles en simultaneidad con el recorrido que realiza para ofrecerle al destinatario una imagen del mundo percibido. La simultaneidad entonces no se refiere al descriptor quien, en tanto detenta la voz, se instala en el presente continuo de la enunciación, sino al observador, que no solo observa, sino que también es afectado por lo observado (Filinich, 2003:22).

Descripción y narración en los testimonios de Cromañón

En el siguiente fragmento testimonial, extraído de la declaración de Oscar Bilardi, padre de una de las víctimas, la *secuencia narrativa* y la *descriptiva* se presentan amalgamadas en el discurso. El locutor comienza por *describir* los hechos acaecidos la noche de la tragedia y los ordena en el eje de la sucesividad: comienzo del recital, pedido de Chabán y del cantante para que el público no use pirotecnia, comienzo del espectáculo, bengalas, incendio.

> [...]
>
> **Sra. Presidenta** (Ferrero). —Quiero que nos aclare una situación: más allá de que este local no podría haber existido jamás por el tema de la habilitación, de acuerdo a la norma, un recital tiene el permiso para que ingresen menores, pero no se puede vender bebidas alcohólicas.
>
> **Sr. Filardi.** —Sí, se vendía cerveza en vasos de plástico. <u>Empieza el recital</u> con el grupo de apoyo llamado Ojos locos, alrededor de las 10 menos cuarto de la noche. Prácticamente, el local estaba lleno el cien por cien y creo que podían haber ingresado algunas personas más. Entonces, <u>se empiezan a tirar algunas bengalas</u> y Ojos locos pide que se recaten y que se porten bien. Chabán ya había preguntado quién era ese que tiraba la bengala, y que tratáramos de vivir la fiesta como lo hicieron el día miércoles; o sea, que el 28 y 29 ya habían tenido otros recitales. Concretamente, <u>empieza el recital de Callejeros</u> y el "Pato" Fontanet le pide a la gente que se recate y que se porte bien. <u>Empiezan a tocar el primer tema.</u> En el sector de abajo tiran muchos petardos. <u>Comienzan a tirar bengalas</u> hasta que una prende fuego este sector. <u>Cuando estaba en este lugar, lo que hago es correrme hacia la escalera y ver lo que estaba pasando.</u> La luz habrá durado 5 minutos y había

mucho humo por la boca de aire acondicionado que estaba junto a la escalera desde el primer piso.

Había gente que pedía mucha tranquilidad, y lo que vino es bastante triste. Para mí fue bastante feo no poder ayudar a muchas personas.

Había gente que se tiraba desde el primer piso. De repente la escalera se limpia y no queda nadie.

¿Por qué la gente que estaba en el medio de la escalera pudo bajar? Lo que yo infiero es que al producirse el hueco los que estaban en el medio bajan y mi hijo me dice que él pensaba que esto lo iban a apagar y que seguía el recital. A mi hijo no lo saqué yo sino otra persona.

La sensación era la siguiente: las manos esposadas atrás y una bolsa de residuo atada en la cabeza. No sé al lado de quién estaba mi hijo.

Cuando bajé pude apagar una bandera. Al empezar a prenderse fuego el techo mucha gente utilizaba las banderas para apagarlo y se encendían las que tenían en la mano.

Cuando bajé, pude ayudar a un chico que me pidió arrodillado que lo sacara, porque afuera estaba esperándolo la familia. Le dije que se quedara tranquilo que lo iba a sacar.

No se veía nada, había muy poca luz. Lo que sí se sentían eran muchos gritos por abajo, por arriba y por todos lados. Eso era una locura, una desesperación.

Las puertas eran chicas. Cuando uno quería salir se sentía como que había mucha presión de afuera, de la salida del boliche hasta la calle. De la salida del boliche hasta la calle había, por ejemplo, 10 metros, pero de la puerta hasta esta parte del boliche no sé si había 35 metros.

Teóricamente el boliche tenía persianas de almacén. Este tipo había bajado las persianas, con lo cual no se abrían las puertas; si no levantaban las persianas nos matábamos todos.

Entonces, se abrieron estas puertas. Había una canilla grande y empezaron a mojarnos a todos y nos sacaban del lugar.

[…]

(Declaración de Oscar Filardi. Comisión investigadora-Cromañón. Legislatura de la Ciudad Autónoma de Buenos Aires, 20 de mayo de 2005, a la hora 15 y 27, pp. 21-31).
[Versión taquigráfica disponible en: <http://www.quenoserepita.com.ar>].
(El subrayado es mío).

Como puede verse, el locutor de este testimonio, al describir pormenorizadamente los hechos acaecidos aquella noche, provoca que el discurso devenga en una especie de listado secuencial de acciones incoativas enunciadas
en simultaneidad con el presente de la enunciación (*empieza el recital*, *se empiezan a tirar algunas bengalas*, *empiezan a tocar*, *comienzan a tirar bengalas*).
Recién en un segundo momento del relato estas acciones entablarán relaciones de causa-efecto, y el testimoniante estará habilitado para exponer una
suerte de interpretación inferencial de los acontecimientos:

> ¿Por qué la gente que estaba en el medio de la escalera pudo bajar?
> Lo que yo infiero es que al producirse el hueco los que estaban en el
> medio bajan y mi hijo me dice que él pensaba que esto lo iban a apagar
> y que seguía el recital.

En efecto, en la primera parte de este testimonio el tiempo parece suspenderse (se señala en todos los casos el comienzo de la acción mediante el verbo
"empezar"), hasta que el ritmo cambia repentinamente:

> Cuando estaba en este lugar, lo que hago es correrme hacia la escalera
> y ver lo que estaba pasando.

A partir de allí, el locutor deja de *describir* y, desde el presente de la enunciación, comienza a *narrar* las acciones, desplegándolas en un eje temporal y
causal, mediante el uso del pretérito perfecto simple y del imperfecto del indicativo. De este modo, la *secuencia descriptiva* y la *narrativa* coexisten amalgamadas en el entramado discursivo.

A diferencia del que acabamos de analizar, en el siguiente fragmento de
la declaración de Armando Cansiani, padre de otra de las víctimas, el locutor-testimoniante describe, en tanto testigo ocular, pormenorizadamente
el traslado y la atención a los sobrevivientes, tal como fueron registrados por
sus propios ojos. Utiliza para ello diversas estructuras con el verbo *ver*, lo que
le permite garantizar la veracidad de su testimonio:

> [...]
> **Sra. Estenssoro.** —¿En qué momento <u>vio que llegaban las ambulan
> cias</u>? ¿<u>Vio que se diera</u> asistencia médica a los que iban saliendo?

Sr. Cansiani. —Yo veía ambulancias. Alguna estaba detrás de lo que hoy es el santuario que está en la calle Ecuador. También <u>vi tres o cuatro</u> ambulancias anuladas; no podían ni entrar ni salir. <u>Vi choferes de ambulancia</u> que entraban y salían, que entraban y salían.

Me llamó la atención un policía que se peleó con otra gente. Luego me enteré de que falleció. Entró dos o tres veces a Cromañón. <u>Yo lo vi salir dos veces</u>. Después me enteré que había muerto.

Sra. Estenssoro. —¿Había algún médico coordinando?

Sr. Cansiani. —Yo veía gente de blanco, pero nadie que coordinara. Hacían lo que podían. <u>Lo que vi fue personal de blanco</u> –médico o paramédico, no sé– que con desesperación trataba de hacer las cosas. Pero tenían mi mismo desorden; yo quería entrar y salir.

Sra. Estenssoro. —¿Los médicos llevaron a las víctimas a las ambulancias o daban asistencia médica en el lugar?

Sr. Cansiani. —<u>Yo vi a un papá que encontró a su hijo</u>, al que le daba respiración boca a boca. Se le acercó alguien de blanco –para no decir si era chofer o médico– y dijo: "ya está usted, me voy". En ese momento, nada me llamaba la atención, pero son detalles.

Sra. Estenssoro. —¿Había un lugar donde estuvieran los médicos socorriendo?

Sr. Cansiani. —Yo le fui a preguntar a un médico que tenía un *handy*, dónde me podía dirigir, porque estaba en una situación difícil. Me dijo que fuera a Defensa Civil, que allí estaban coordinando, que en la calle Estados Unidos tenían más información.

Sra. Estenssoro. —En ese tiempo, antes de ir al Ramos Mejía, ¿<u>vio a algún médico</u> que separara víctimas fatales, de las graves o las leves?

Sr. Cansiani. —En un momento escuché a una persona decir: "si está muerto, llévenlo a la playa de estacionamiento". Entonces, hice una cuadra y media y entré en una playa de estacionamiento y sobre el lado derecho había un montón de cuerpos.

Sra. Estenssoro. —Y los sobrevivientes iban a ambulancias...

Sr. Cansiani. —Algunos subían a las ambulancias porque los empujaban. En una ambulancia <u>vi a tres o cuatro pibes</u>. Alguno tambaleaba. <u>A otro vi que lo entraron</u>...

Sr. González. —En camilla.

Sr. Cansiani. —¡¿En camilla?! <u>Yo vi muy pocas camillas</u>. <u>Al que vi yo lo subieron a mano</u>. <u>Vi muchos pibes haciendo eso</u>. Demasiados.

Sra. Estenssoro. —<u>Vio más chicos ayudando</u>...

Sr. Cansiani. —<u>Yo digo lo que vi en ese momento</u>. <u>Vi más pibes –y también a gente grande– haciendo cosas</u>.
[...]

(Declaración de Armando Cansiani. Comisión investigadora-Cromañón. Legislatura de la Ciudad Autónoma de Buenos Aires, 20 de mayo de 2005, a la hora 15 y 27, pp. 46-54).
[Versión taquigráfica disponible en: <http://www.quenoserepita.com.ar>].
(El subrayado es mío).

En este testimonio predomina la *secuencia descriptiva*, tal como lo prueba la presencia de un locutor que describe los hechos utilizando distintas construcciones sintácticas con el verbo *ver*. Sin embargo, los testimonios de Cromañón se estructuran tanto como un discurso en el que predominan las *secuencias descriptivas*, como en este último caso, como con secuencias mixtas, como el primer ejemplo, en el que lo *descriptivo* y lo *narrativo* no aparecen absolutamente desvinculados. De hecho, los rasgos de una y otra secuencia no se invalidan mutuamente, sino que pueden o bien ensamblarse o bien prevalecer una sobre la otra, según los contextos (Hamon, 1991).

Veamos otro ejemplo. Se trata en esta oportunidad del testimonio completo de Amelia Borrás, sobreviviente de la tragedia y madre de una víctima, con el que seguiré trabajando fragmentariamente más adelante:

Sra. Borrás. —Mi nombre es Amelia Esperanza Ramela de Borrás, madre de Gabriela Borrás. Mi DNI es 12.420.509.

Sra. Presidenta (Ferrero). —Usted es sobreviviente, mamá de una fallecida y de otra sobreviviente. Le pido que nos relate lo sucedido en esa noche.

Sra. Borrás. —Salí de mi casa a las 16 horas del día 30 de diciembre. Llegué a las 18 horas a Cromañón, con mis dos hijas. Era muy temprano. La seguridad de Callejeros estaba con remeras negras. Ingresamos cerca de las 20 horas. Como no tenía reloj, no hilvano bien la cuestión de la hora. La gente de seguridad –los que controlaban la entrada– estaba con la remera de Callejeros. Las mujeres iban contra la pared y los chicos –a los que les decían "chabones"– hacían dos filas: una para los que tenían entrada y otra para los que no tenían. Es decir que había tres filas. Cuando entramos nos hicieron sacar las zapatillas y nos revisaron todo el bolso. Ingresé con mis hijas y ellas se quedaron cerca del palco. Cintia me preguntó por qué no me quedaba delante de la barra, pero Gabriela dijo que, en ese lugar, me iban a pisar. Entonces, me dijo que fuera arriba, desde donde iba a ver bien. Entonces, me fui para arriba y ellas se quedaron abajo. Cuando empezó Ojos Locos, mis hijas subieron y se pusieron al lado mío, porque ese conjunto no les gustaba; fueron a ver a Callejeros, que tampoco les gustaba. Por eso, todavía me pregunto para qué las llevé. Se sentaron detrás de mí. En un segundo, un pibe que estaba al lado tiró la primera bengala, en el centro. Chabán dijo –disculpen la expresión– "Pelotudos de mierda, dejen de joder con las bengalas. Hay 6 mil personas acá adentro; vamos a morir asfixiados por el humo. Nos va a pasar lo mismo que pasó en Paraguay. Así que déjense de joder, porque hay una sola salida". Esas fueron las palabras de Chabán. Entonces, lo miré al pibe y le pregunté "¿fuiste vos?". Me dijo que no, que fue del otro lado, y al final no vi quién había sido. Los chicos seguían ingresando.

Cuando sube Callejeros miré hacia atrás y mis hijas ya no estaban. Era imposible la cantidad de chicos que había abajo. Cuando Chabán dijo que había 6 mil chicos me dije: "Este tipo está loco. ¿Cómo deja ingresar a 6 mil personas en una cosita así?" Mi primera intención fue bajar, pero la escalera era un enjambre de chicos. Le dije a la chica de al lado: "Dios mío, qué va a pasar acá. Imaginate cuando empiece Callejeros". Y me entró el pánico y la desesperación, porque mis hijas habían bajado; ya no estaban detrás de mí. Empezó Callejeros. No hilvano bien la hora porque no tengo reloj. Pero sube Callejeros y lo único que escuché de ellos fue: "¿Se van a portar bien?". Luego tiraron una bomba de estruendo debajo de la escalera donde yo estaba. Cuando subí, estaba en la parte derecha, donde había un *buffet*, a la vuelta. Había uno de Callejeros, con remera negra. Vino abajo y dijo: "Che, flaco, ¿podés sacar la bandera que está tapando la salida de aire, que es la única que anda?". Era la única que funcionaba. Me dije: "Dios quiera que no pase nada". Pero se veía una atmósfera muy pesada. Luego de la bomba de estruendo quedé sorda y no escuché que empezaron a cantar, que fue muy poco. Miré hacia arriba, a la derecha del escenario de Callejeros. *Alcanzo a mirar y veo un chispazo; luego los gritos de los chicos, detrás de mí. Era una cosa impresionante. Gritaban "boludos de mierda". Sabía que iba a pasar. En mi desesperación traté de decir que bajaran las escaleras. No paraban de gritar. Cuando llego a la mitad de la escalera, sigo y nos cortan la luz. Cuando trato de bajarme hacia la baranda principal, meto mi brazo y trato de bajar. Los chicos estaban acelerados. Llego hasta el último escalón y caigo arriba de una torre de personas. Entonces, caigo en ese lugar y se desmoronan todos los que estaban ahí. Caigo al suelo y trato de gatear, siempre diciendo en mi interior, no me puede estar pasando esto a mí. Es una pesadilla. Trato de agarrarme de una reja que había. Estaba todo oscuro y en silencio. Nadie decía nada, no se escuchaba nada. Entonces, llego hasta donde estaba una valla. No había tanto fuego, pero el que caía del techo nos quemaba. Trato de levantarme y agarrarme de esas rejas metiendo mi cabeza adentro de este bolso que tengo que fue el que me salvó la vida, pidiéndole a Dios que me lleve a mí y no a mis hijas. Porque mi desesperación era que mis hijas estaban en medio de la pista. Le decía a Dios que no me podía estar pasando esto a mí. Era como un sueño, una pesadilla como las que vemos en televisión. No podía salir de esa valla y pensaba que ya era mi hora, mi fin, mi muerte.*

Lo que hago es tratar de tirar la valla, pisando a los chicos que estaban ahí, ellos ya no reaccionaban. Luego que paso la valla me choco contra una pared. <u>Se me cruza un chico que lo alcancé a ver por la claridad que daba.</u> Me agarro de él, fue quien me salvó la vida. Entonces, alcancé a ver una luz que era la salida en un trecho muy largo. <u>Cuando llego a la salida veo a todos parados en la vereda del frente gritando por sus familiares</u>. Les pedía que llamen a los bomberos, pero ellos estaban en otra situación.

Me agarró una crisis de nervios y le decía a Dios cómo me dejaste salir a mí y dejaste a mis hijas ahí adentro, siendo que yo no te había pedido eso. De la desesperación que tenía me fui al hotel de al lado. Golpeé la puerta y pedí que llamaran a los bomberos y una persona que estaba ahí me dijo que los iba a llamar.

<u>Cuando salgo</u> vi que venían los bomberos; <u>luego veo que me sacan a Gabriela al medio de la calle</u>; lo que más me impresionó es que le habían sacado el brazo, pero no sentía nada porque parecía que estaba muerta; dos muchachos que estaban enfrente la habían sacado hasta lo que es hoy el santuario; yo les gritaba que la dejaran que quería darle respiración boca a boca. Entonces, le agradecí a Dios ya que, por lo menos, tenía a una de mis hijas conmigo.

Llegan dos ambulancias. Lo que yo quiero saber es a la hora en que llegaron esas ambulancias. Entonces, la suben a Gabriela a una de ellas y me dicen que la llevan al Hospital Fernández. En ese momento no recuerdo qué hora era. Tuve que dejar que se la llevaran, porque me faltaba mi otra hija, Cintia. Pensé que Cintia también estaba ahí adentro. Entonces, buscando a mi otra hija, iba esquivando muchos chicos tirados en la calle.

<u>La veo venir a mi hija.</u> La tenían agarrada del brazo. Cuando me acerco a ella me dice que Gabriela se le había escapado de las manos, que no pudo agarrarla. Quiere decir que cuando yo estaba tratando de salir en medio del humo mi hija estaba tirada en ese lugar. Me habían dicho que se la habían llevado al Fernández, pero la tuve que ir a buscar en 3 ó 4 hospitales más. Al llegar al Hospital Ramos Mejía me descompensé y empiezo a vomitar. Le pido a una de las enfermeras que me diera información acerca de mi hija Gabriela y también que me dieran algo para los vómitos que estaba teniendo, porque eran terribles. <u>Entonces, veo que sale Gabriela, que se la llevaban con oxígeno.</u> Y grito que es mi hija. A las dos y media de la mañana la llevan a terapia. Me tratan de tranquilizar diciéndome que ya había encontrado a mi hija.

Estuve tres horas en el Hospital Ramos Mejía y ahora no figuro como que estuve internada con oxígeno y suero. Mi hija Gabriela estuvo en terapia hasta el 1° de enero. A las 5 de la tarde del 1° de enero se hizo una junta médica con el director del Hospital Ramos Mejía para decirnos el estado en que se encontraban siete chicos internados ahí. Todos tenían el mismo cuadro: vías respiratorias quemadas, pulmones quemados, neuronas quemadas, y nos dijeron que si éramos creyentes que rezáramos, y con eso nos quisieron decir todo. Yo tenía esperanza por mi hija, porque yo entraba a terapia, ella me escuchaba y me contestaba con su mirada. Mi hija tenía las piernas bien. El médico me dijo que el brazo le iba a quedar bien, porque le iban a poner un clavo. Iba a estar bien. Me dieron 48 horas, pero después el médico del Ramos Mejía me dijo que me daban 96 horas. Yo esperaba las 96; no esperaba las 48. Cuando salgo de la Junta Médica, me voy a verla: Gabriela se me despidió, cuando hasta ese momento estuvo estable y me contestaba con la mirada. *Ese primero de enero a las 5 de la tarde, Gabriela me mira y llorando me agarra la mano, como diciéndome: "mamá, vos no te fuiste; no estás muerta".* Entonces, le digo: "Gaby, vos sos fuerte, vas a salir de esta". Y con la cabeza me contesta que sí. Me contestó todo con su cabeza y su mirada. Entonces, le dije que estaba Cintia, y dio vuelta su cabeza y <u>la vio a su hermana</u>. Me fui de ahí agradeciéndole a Dios que no me la iba a llevar. A las 10 y media de la noche, me paro en Terapia con dos madres, miro…

–Una familiar de las víctimas se desmaya y varias personas del público la asisten.

Varias personas. —¡Un médico, por favor!

(Declaración de Amelia Borrás. Comisión investigadora-Cromañón. Legislatura de la Ciudad Autónoma de Buenos Aires, 20 de mayo de 2005, a la hora 15 y 27, pp. 33-36).
[Versión taquigráfica disponible en: <http://www.quenoserepita.com.ar>].
(Las bastardillas y el subrayado son míos).

Como surge de este testimonio, la *secuencia narrativa* y la *descriptiva* diferenciadas con distinto tipo de letra (en redonda, la primera y en bastardilla, la descriptiva) coexisten en el entramado discursivo y, tal como he señalado, mientras en la *narración* la materia verbal se organiza en el eje de la sucesividad –*i. e.* los hechos se instauran dentro de una cronología y establecen relaciones de causa-efecto que hacen avanzar la acción hacia un determinado desenlace– en la *descripción* prevalece el plano de la simultaneidad "aquello que se describe, no se inscribe en un ordenamiento progresivo sino que se organiza –en lo que a la temporalidad se refiere– bajo la forma de coexistencia" (Filinich, 2003:18).

Así, en este testimonio, los *momentos descriptivos* (en cursiva) quedan individualizados de los *narrativos* por la emergencia a la superficie discursiva de un giro enunciativo marcado no solo por el tiempo presente desde el cual el enunciador describe los hechos en simultaneidad con los terribles acontecimientos, sino también por la presencia del verbo *ver*, por medio del cual la locutora-testimoniante ratifica su rol de testigo ocular.

No hay dudas de que con los verbos de percepción (*ver*, *mirar*, *observar*, *percibir*, etc.), los locutores-testimoniantes pueden asegurar su rol de testigos presenciales –*i. e.* el acceso visual a la fuente de información–; sin embargo, con los evidenciales directos pueden dar cuenta no solo de lo que percibieron sino, además, de lo que padecieron. Efectivamente, el sujeto de la enunciación puede percibir la fuente de información tanto con los verbos de percepción como con los evidenciales directos; sin embargo, se trata de dos recursos diferentes, puesto que representan dos dimensiones también diferentes de la enunciación descriptiva.

De hecho, el saber y el sentir surgen del mismo acto perceptivo pero se despliegan en dos dimensiones –la cognoscitiva y la afectiva o pasional– que conforman una zona de clivaje en la cual lo sensible se diferencia de lo inteligible. Es en esta zona donde los verbos de percepción y los evidenciales directos se superponen. Porque tanto los verbos de percepción como los evidenciales directos transmiten el significado primario de acceso visual a la información, pero estos últimos reflejan, además, la experiencia sensible (pasional) del sujeto de la enunciación. Y, entonces, el componente perceptivo que la *descripción* pone en discurso puede tener dos manifestaciones, la enunciación racional y la enunciación pasional.

Para ubicar los recursos en cada una de la dimensiones, repasemos los enunciados del testimonio anterior en las cuales ocurre el verbo *ver*:

a) [lo/los/la/las + *ver* + inf.] Construcciones elevadas

"**La veo venir** *a mi hija. La tenían agarrada del brazo*".

b) [*ver* que + verbo conjugado] Construcciones no elevadas

"*Cuando salgo* **vi que venían** *los bomberos, luego* **veo que me sacan** *a Gabriela al medio de la calle*".

"*Entonces* **veo que sale** *Gabriela, que se la llevaban con oxígeno*".

c) [*ver* + od de persona o cosa]

"*Alcanzo a mirar y* **veo un chispazo**; *luego (escucho) los gritos de los chicos, detrás de mí*".

"*Se me cruza* **un chico que lo alcancé a ver** *por la claridad que daba. Me agarro de él, fue quien me salvó la vida*".

"*Entonces,* **alcancé a ver una luz** *que era la salida en un trecho muy largo*".

"*Cuando llego a la salida* **veo a todos parados en la vereda del frente** *gritando por sus familiares*".

"*Pero* **se veía una atmósfera muy pesada**".

"*Entonces, le dije que estaba Cintia, y dio vuelta su cabeza* **y la vio a su hermana**".

Las construcciones elevadas y no elevadas son "constelaciones sintácticas" del español –i. e. distintas conceptualizaciones– que le permiten al hablante marcar las distintas fuentes de las que ha adquirido el conocimiento. Veamos los siguientes ejemplos tomados de F. Bermúdez (2004):

(1) *Vi* que (María) llegó.
(2) La *vi* llegar (a María).

La diferencia entre estos dos enunciados radica en que en (1), el hablante no afirma que ha presenciado personalmente la llegada de María, sino que llega a esa conclusión porque accede a determinados indicios –ve, por ejemplo, su abrigo colgado en el perchero–, mientras que en 2, en cambio, el hablante afirma haber presenciado efectivamente la llegada de María. Es decir, que según F. Bermúdez (2004), estas dos construcciones representarían dos modos diferentes de acceso al conocimiento. En (1) se trataría de una inferencia, por haber visto el tapado de María, por ejemplo, y no a María misma en el momento de llegar; en 2, en cambio, sería María en persona la que ha sido vista. Sin embargo, es importante destacar que en ambos casos, la percepción visual está presente: en el primero como una inferencia y, en el segundo, como conocimiento directo. En conclusión, para F. Bermúdez (2004:14) lo que se conoce como "elevación del sujeto" es en realidad una oposición evidencial entre evidencia directa y evidencia indirecta inferida.

Sin embargo, del análisis de los testimonios de Cromañón, surge que ambas construcciones pueden indicar percepción directa y que la diferencia sintáctica a la que alude Bermúdez obedecería, en los ejemplos analizados, más bien a mecanismos de cohesión textual que al modo de percepción directo o indirecto con el que el locutor ha accedido al conocimiento.

Veamos el siguiente fragmento testimonial de Matías, un sobreviviente:

Matías: —Ya adentro <u>veo que unos pibes</u> están en un puesto de Callejeros, saqueando todo. Un grupo les grita: "Acá hay que ayudar, nada de afanar" y los tipos se van a la mierda. Voy saliendo y un chabón se estaba probando una zapatilla que había quedado tirada. Entro, y cuando salgo <u>lo veo que le saca una a un pibe tirado</u>. Se la manoteé. A la tercera <u>lo veo probándose una gorra</u>. Te digo la verdad, ahí le puse una piña… Y en otro momento escuchamos unos ruidos adentro. ¿Sabés qué hacían? […]

(AA.VV. (2005) *Generación Cromañón. Lecciones de resistencia, solidaridad y rocanrol*, Buenos Aires, lavaca, pp. 44-45).
(El subrayado es mío).

En este fragmento, el pronombre objetivo "lo" en "*lo veo que le saca una a un pibe tirado*" y "*lo veo probándose una gorra*" refiere anafóricamente a "un chabón", mientras que la referencia de la estructura no elevada que, según Bermúdez indicaría inferencia visual, pero que en este caso indica acceso visual directo, "*veo que unos pibes están en un puesto de Callejeros, saqueando todo*", es catafórica: "*Un grupo les grita…*". En efecto, en lo que respecta al modo de percepción, ambas estructuras parecen señalar del mismo modo la presencia de un observador que atestigua lo que ha visto, por lo que todas las ocurrencias del verbo *ver* en las estructuras elevadas o no elevadas, en presente o en pasado, con infinitivo o con gerundio, pueden ser analizadas en los testimonios bajo el punto de vista de la cohesión textual, más que sobre el de los diferentes tipos de evidencialidad.

En resumen, las construcciones con el verbo *ver* se distribuyen de acuerdo con los testimonios analizados en este capítulo de la siguiente manera:

Enunciación racional: el locutor-observador inteligible da cuenta de lo que sabe y de lo que conoce, para lo cual, como ilustraré enseguida, se vale de una serie de recursos que marcan el acceso visual a la información exclusivamente, entre los que ocupan un lugar preferencial:

- [*ver* que + verbo conjugado[(construcciones no elevadas)
- [*ver* + od de persona o de cosa]

Enunciación pasional: el locutor pasional traslada a la superficie discursiva la manifestación de sus padecimientos, dejando en un segundo plano el acceso visual que, innegablemente, también está presente en su enunciación. Para ello, se vale de los *evidenciales directos de acceso sensorial* que codifican el contenido perceptivo (al igual que los verbos de percepción), pero también, el pasional o afectivo:

- [*ver* que + verbo conjugado] (construcciones no elevadas) + rasgo *pathémico*
Estas construcciones que marcan solo percepción pueden, bajo determinadas restricciones gramaticales y contextuales, incorporar el elemento *pathémico* y, entonces, le permiten al locutor convencer a la audiencia desde la pasión, más que desde la razón.

- [lo/los/la/las + *ver* + inf.] (construcciones elevadas)
- *Veo* + od + predicativo objetivo obligatorio ≈ "juzgar"

A continuación, me dedicaré a analizar por separado cada una de estas construcciones con el verbo *ver* presentes en las secuencias descriptivas de los testimonios.

1) La enunciación racional

- [*ver* que + verbo conjugado] (construcciones no elevadas)

El siguiente testimonio de Matías, un sobreviviente, presenta el uso de construcciones no elevadas con las cuales el locutor-testimoniante indica lo que ha percibido:

> Matías: —Ya adentro <u>veo que unos pibes</u> están en un puesto de Callejeros, saqueando todo. Un grupo les grita: "Acá hay que ayudar, nada de afanar" y los tipos se van a la mierda. Voy saliendo y un chabón se estaba probando una zapatilla que había quedado tirada. Entro, y cuando salgo <u>lo veo que le saca una a un pibe tirado</u>. Se la manoteé. A la tercera lo veo probándose una gorra. Te digo la verdad, ahí le puse una piña… Y en otro momento escuchamos unos ruidos adentro. ¿Sabés qué hacían? […]
>
> (AA.VV. (2005) *Generación Cromañón. Lecciones de resistencia, solidaridad y rocanrol*, Buenos Aires, lavaca, pp. 44-45).
> (El subrayado es mío).

En efecto, en el testimonio considerado en su especificidad genérica, el locutor debe poner en discurso estrategias que provoquen un efecto de verosimilitud y certeza, de allí que en el testimonio de Matías, las construcciones no elevadas con el verbo *ver* le permitan, entre otros recursos, validar su versión de los hechos, basados en su carácter de "testigo ocular". Estas construcciones configuran el punto de vista del sujeto de la enunciación en la dimensión cognoscitiva que, tal como señala Ph. Hamon (1991), tiene por función poner en circulación un determinado saber.

En el mismo sentido, en el siguiente fragmento, Matías y Eliana, dos sobrevivientes, describen la desesperada búsqueda de sus amigos entre los muertos y heridos, y con la construcción no elevada [*ver* que + verbo conjugado] presentan la información como indiscutiblemente verídica:

[…]
—Finalmente, ¿pudiste subir?

Matías: —La primera vez no. Salimos reasfixiados. Cuando volvemos a subir <u>veo que bajan a una piba</u> y tenía colgando una mochila. Maxi me dice: "Es Paula. Es su mochila". Va corriendo, manotea la mochila y yo subí rápido pensando que tenía que estar la nena. No la vi. Encontré un montón de gente muerta.

Eliana: —En el baño. La gente fue porque había ventana, pero la de las mujeres era rechiquita.

Matías: —Bajamos un montón de gente de arriba. <u>Y veo un médico que le venía tocando el cuello y la muñeca a los que estaban tirados, el pulso</u>, y seguía. Le digo: "La puta que te parió, ayudá, atendelos, hacé algo". Me mira: "Flaco, no puedo perder tiempo en esta gente. Ya está".
[…]

(AA.VV. (2005) *Generación Cromañón. Lecciones de resistencia, solidaridad y rocanrol*, Buenos Aires, lavaca, p. 46).
(El subrayado es mío).

En efecto, en este fragmento testimonial, los locutores necesitan transmitir con un alto grado de certeza y seguridad que la cantidad de médicos que participaron en el rescate de las víctimas ha sido insuficiente:

(3) <u>Veo que bajan</u> una piba y tenía colgando una mochila.

Lo mismo sucede en el siguiente testimonio:

[…]

Matías: —Un flaco prende la bengala, la levanta y me la pasa por la nariz. Medio me empecé a ahogar del humo. Lo bajo a mi amigo y me voy para donde estaban ellas, tosiendo. Ahí vino lo que nunca nos vamos a poner de acuerdo. Una bengala no fue, en eso coincidimos. Yo siento ¡blum!, un estallido de esas bombas fuertes. Miro y <u>veo que vuela un tres-tiros</u>, las tres pelotitas, y con la tercera veo el chispazo que empieza a prender.

Eliana: —Para mí fue una candela.

Matías: —Pero el tres-tiros cuando explota en el cielo larga la chispa, y a última viene con más pólvora. Lo único seguro es que no era bengala, que larga humo y molesta al que está al lado, a lo sumo. <u>Cuando veo que pega el chispazo</u>, el saxofonista y el cantante miran al techo, como que no lo podían creer. Les digo a las chicas: "Vámonos que esto se prende fuego".
[…]

(AA.VV. (2005) *Generación Cromañón. Lecciones de resistencia, solidaridad y rocan-rol*, Buenos Aires, lavaca, p. 40).
(El subrayado es mío).

Como puede verse, la certeza de que lo que produjo el incendio no fue una bengala sino específicamente otro tipo de pirotecnia llamada "tres tiros" (hecho que no ha sido probado hasta el momento) se afirma con la estructura no elevada que señala en este contexto percepción directa:

(4) Miro y <u>veo que vuela un tres-tiros</u>, las tres pelotitas, y con la tercera veo el chispazo que empieza a prender.

(5) Cuando <u>veo que pega un chispazo</u>, el saxofonista y el cantante miran al techo, como que no lo podían creer.

Pero además, con la construcción no elevada [*ver* que + verbo conjugado] utilizada exclusivamente como percepción visual, se reafirma la estrategia general de este fragmento testimonial que consistiría en correr del espacio de la tragedia las bengalas y su colorida humareda, como símbolo de las bandas de rock, para instalarlo en otro nivel, el de de trasgresión, con un grado de intencionalidad y desaprensión mucho más manifiesto.

Pero la construcción sintáctica no elevada [*ver* que + verbo conjugado] puede señalar exclusivamente percepción visual o bien, con el agregado de un rasgo *pathémico*, puede convertirse en un *evidencial directo de acceso sensorial* con el cual el locutor-testimoniante muestra además de lo que ha percibido, sus sentimientos y sus pasiones.

2) *La enunciación pasional*

• [lo/los/la/las + *ver* + inf.] (construcciones elevadas)

El siguiente testimonio en el que interactúan dos locutores, la diputada Estenssoro y Armando Cansiani, padre de una de las víctimas, es otro fragmento de las declaraciones ante la Comisión de la Legislatura Porteña. Veamos, entonces, cómo la descripción de los hechos se construye en torno de diversas estructuras con el verbo *ver* entre las que se encuentra la estructura elevada que me interesa analizar:

> **Sra. Estenssoro.** —¿En qué momento <u>vio que llegaban</u> las ambulancias? ¿<u>Vio que se diera</u> asistencia médica a los que iban saliendo?

> **Sr. Cansiani**. —<u>Yo veía ambulancias</u>. Alguna estaba detrás de lo que hoy es el santuario que está en la calle Ecuador. También <u>vi tres o cuatro ambulancias anuladas</u>; no podían ni entrar ni salir. <u>Vi choferes de ambulancia</u> que entraban y salían, que entraban y salían. Me llamó la atención un policía que se peleó con otra gente. Luego me enteré de que falleció. Entró dos o tres veces a Cromañón. **<u>Yo lo vi salir dos veces</u>**. Después me enteré que había muerto.

> **Sra. Estenssoro.** —¿Había algún médico coordinando?

Sr. Cansiani. —<u>Yo veía gente de blanco</u>, pero nadie que coordinara. Hacían lo que podían. <u>Lo que vi fue personal de blanco</u> –médico o paramédico, no sé– que con desesperación trataba de hacer las cosas. Pero tenían mi mismo desorden; yo quería entrar y salir.

(Declaración de Armando Cansiani. Comisión investigadora-Cromañón. Legislatura de la Ciudad Autónoma de Buenos Aires, 20 de mayo de 2005, a la hora 15 y 27, pp. 46-54).
[Versión taquigráfica disponible en: <<u>http://www.quenoserepita.com.ar</u>>].
(El subrayado es mío).

Como puede verse, en este fragmento, el locutor-testimoniante, desde el presente de la enunciación, alude a los acontecimientos pasados sin aplicar la perspectiva del presente, es decir, describiendo los hechos de manera ingenua y con las limitaciones del saber propias de aquel momento. De allí que, por ejemplo, el movimiento de las ambulancias que *"entraban y salían"* sea presentado como algo a lo que el locutor no le encuentra explicación ni sentido, y la pelea del policía solamente le *"llame la atención"*. Sin embargo, hay ciertos hechos que el locutor necesita presentar como absolutamente verídicos, como el accionar de un policía al que él, con sus propios ojos, vio salir dos veces de Cromañón, razón por la cual presenta esta información mediante la estructura elevada:

(6) Yo <u>lo vi salir</u> dos veces.

En efecto, en este fragmento, la estructura elevada en (6) *"lo vi salir"*, se inserta, tal como señalé antes, en una secuencia eminentemente descriptiva en la que, por otro lado, predominan diversas ocurrencias del verbo *ver* como simple verbo de percepción [*ver* + od de persona o de cosa]: *"veía ambulancias"*, *"vi tres o cuatro ambulancias anuladas"*, *"vi choferes de ambulancias que entraban y salían"*, *"Yo veía gente de blanco"*, *"lo que vi fue personal de blanco que con desesperación trataban de hacer las cosas"*. Pero lo interesante de destacar es que en esta oportunidad, la estructura elevada *"Yo* lo vi salir *dos veces"* funciona como marca de certeza que focaliza la información que el locutor quiere resaltar como verídica. De este modo, el mecanismo de manipulación se inserta sutilmente dado que, el locutor si bien no contesta en forma directa a la pregunta de la diputada sobre el momento en el que vio llegar las ambulancias, lo hace de todos modos mediante la oposición modal-aspectual pretérito imperfecto / pretérito perfecto simple. En efecto, cuando el locutor quiere señalar que un hecho ocurrió efectivamente, es decir, que está absolutamente seguro de lo que transmite, utiliza el pretérito perfecto simple, mientras que con el imperfecto alude a hechos generales y vagos: "veía *ambulancias*", porque en realidad quiere significar que las pocas ambulancias que había en el lugar de los hechos no servían para nada, porque no tenían el equipamiento necesario. Así, el locutor refuerza su aserción cuando enuncia: "vi *tres o cuatro anuladas*" o "vi *choferes que entraban y salían*", porque se presupone que nada de eso era suficiente en el marco de los hechos trágicos y desesperados que se estaban viviendo. Del mismo modo, ante la pregunta "*¿Había algún médico coordinando?*", el testimoniante contesta que "veía *gente de blanco*", como un modo vago de afirmar que sí, pero que el color de la vestimenta no aseguraba que se tratara de médicos o de paramédicos, o en definitiva de personal que estuviera actuando con la eficiencia y la premura que requería aquel momento. Sin embargo, cuando el locutor quiere destacar la actuación de determinadas personas cambia el uso del imperfecto, por el del pretérito perfecto simple: "*Lo que vi fue personal de blanco que con desesperación trataban de hacer las cosas*".

Por otra parte, el locutor-testimoniante describe los hechos reproduciendo el marco de confusión en el que se hallaba inmerso en aquel momento, de allí que los enunciados en pretérito imperfecto con la construcción [ver + od de persona o cosa] "*Yo veía las ambulancias*", "*Yo veía gente de blanco*" también sirvan para conformar el marco de la secuencia que quiere efectivamente destacar: la actuación desinteresada de un policía que murió en su afán por salvar a los jóvenes atrapados en el interior del local República de Cromañón.

En efecto, es en ese momento de la descripción cuando el locutor, aludiendo a este policía, inserta la estructura elevada "*Yo lo vi salir dos veces*" y de ese modo traslada a la superficie discursiva el elemento *pathémico* que interesa en verdad destacar: la actuación heroica de esta persona.

De este modo, la construcción elevada con el verbo *ver* [lo/los/la/las + *ver* + inf.] en pretérito perfecto simple del indicativo tiene la función, en tanto evidencial directo de acceso sensorial, de mostrar no solo a un locutor con un alto grado de certeza sobre los hechos narrados –Armando Cansiani, padre de una de las víctimas, vio con sus propios ojos cómo el policía colaboraba en el rescate de las víctimas–, sino también a un testimoniante profundamente conmovido por la muerte de este servidor público que, en medio de la confusión y del peligro, no dudó en actuar con humanidad y valentía.

Pero a diferencia de las construcciones elevadas [lo/los/la/las + *ver* + inf.], las construcciones no elevadas [*ver* que + verbo conjugado] no codifican *per se* estas dos dimensiones enunciativas, la cognoscitiva y la pasional, sino que, para transformarse en evidenciales directos de acceso sensorial y codificar así las dos dimensiones, necesitan incorporar el rasgo *pathémico* de manera externa ya sea mediante recursos gramaticales o bien, contextuales.

Veamos, entonces, cuáles son estos rasgos:

• [*ver* que + verbo conjugado] (construcciones no elevadas + rasgo *pathémico* como evidenciales directos de acceso sensorial)

El siguiente fragmento, eminentemente descriptivo, es parte del testimonio de Amelia Borrás (analizado más arriba) en el que esta mamá cuenta la muerte de su hija Gabriela.

Uno de los recursos que ponen en escena la figura de un enunciador que describe en simultaneidad con los hechos ocurridos y los presenta así como más verosímiles es el predominio del presente del indicativo en las estructuras no elevadas [*ver* que + verbo conjugado]:

> [...]
> —Cuando salgo <u>vi que venían los bomberos</u>; luego <u>veo que me sacan a Gabriela</u> al medio de la calle; Entonces, <u>veo que sale Gabriela, que se la llevaban con oxígeno</u>. Y grito que es mi hija. A las dos y media de la mañana la llevan a terapia. Me tratan de tranquilizar diciéndome que ya había encontrado a mi hija. Estuve tres horas en el Hospital Ramos Mejía y ahora no figuro como que estuve internada con oxígeno y suero.
> [...]
>
> (Declaración de Amelia Borrás. Comisión investigadora-Cromañón. Legislatura de la Ciudad Autónoma de Buenos Aires, 20 de mayo de 2005, a la hora 15 y 27, pp. 33-36).
> [Versión taquigráfica disponible en: <http://www.quenoserepita.com.ar>].
> (El subrayado es mío)

En efecto, este fragmento refleja el viraje de la estructura no elevada [*ver* que + verbo conjugado] (7) del pasado al presente (8):

(7) Cuando salgo <u>vi que venían</u> los bomberos.

(8) Luego <u>veo que sale</u> Gabriela, <u>que se la llevan</u> con oxígeno.

Sin embargo, como veremos a continuación, existe una diferencia entre los enunciados (8) y (9):

(9) <u>Veo que me sacan</u> a Gabriela al medio de la calle.

Efectivamente, tal como intento explicitar, existen ciertos rasgos *pathémicos* que incorporan el rasgo subjetivo a la percepción visual y provocan, entonces, que la estructura no elevada [*ver* que + verbo conjugado], cuando marca exclusivamente acceso visual, devenga en un evidencial directo de acceso sensorial que codifica simultáneamente lo visual + lo pasional. Dichos rasgos, como consigno a continuación, pueden ser gramaticales o contextuales:

- [*ver* que + verbo conjugado] (construcciones elevadas + rasgo *pathémico* gramatical)

En (9) la inclusión del dativo de interés "me" señala en la estructura no elevada el elemento subjetivo que introduce en la escena enunciativa la figura de un locutor pasional que no solo "ve", sino que también "padece" por lo que ve. Este recurso provoca la emergencia a la superficie discursiva de un locutor pasional, cuyo padecimiento se genera y se reafirma en lo que ha percibido con sus propios ojos.

En síntesis, las estructuras elevadas [lo/los/la/las + *ver* + inf.] y las no elevadas [*ver* que + verbo conjugado] + rasgo *pathémico* como en (9) no codifican simplemente el acceso perceptual, sino que, además, incorporan a la enunciación, la fuerza *pathémica* que dicha percepción provoca en el sujeto que percibe.

Pero los rasgos *pathémicos* pueden estar marcados gramaticalmente como en el dativo de interés "me" de (9), o emanar del mismo contexto discursivo y provocar, entonces, la asimilación del verbo *ver* a otros significados como el de "darse cuenta".

Veamos cómo se produce esta asimilación:

- [*ver* que + verbo conjugado] (construcciones elevadas + rasgo *pathémico* contextual ≈ darse cuenta)

En el siguiente fragmento testimonial, Fabiana Puebla, una sobreviviente de la tragedia, describe y narra sus sensaciones y sufrimientos durante el incendio del local:

> [...]
>
> No sé cuánto tiempo habrá pasado, y no encontraba la salida. Veía a los chicos, que cada vez eran menos. En un momento dado estuve yo sola caminando por el lugar, perdí los zapatos al tropezarme con un cuerpo y ahí me dije que no podía salir. Me senté vencida, me agarró sueño y pensé: bueno, si total me voy a dormir y me voy a morir. Cuando me senté, me quedé quieta; ya no podía respirar y no podía ver. Se me vino a la mente José, y pensé: si José salió, cómo me voy a quedar acá; tengo que salir. Volví a levantarme y empecé a buscar la baranda de la escalera. Cuando empiezo a tantear el lugar, sigo chocándome con cuerpos y cuando llego a la baranda que estaba cerca de la escalera la toco y me quemo la mano. Ahí ya había encontrado los escalones para poder bajar. Como ya había perdido los zapatos, bajé el primer escalón, me quemé los pies y me dio miedo. Entonces, me volví a sentar en las escaleras y me quedé ahí. Al rato, empecé a bajar con la cola. Empecé a bajar las escaleras, hasta que llegué al último escalón.
>
> Cuando bajé el último escalón, me quedé ahí tirada porque ya no podía más. En ese momento, entran dos personas, me agarran de los pies —no recuerdo cómo porque en ese momento estaba mal— y me sacan. Y cuando me sacan y me levantan, al respirar el aire, me desmayo. Y me desperté al rato, cuando me tiraron un balde con agua, en una esquina, que ni siquiera sé dónde está. Ahí reaccioné y todo me daba vueltas. No sabía dónde estaba parada, <u>veía que los chicos se estaban muriendo al lado mío</u>, <u>que los familiares lloraban o los amigos buscaban desesperados</u>; había corridas; <u>veía mucha gente</u>

<u>que ayudaba</u>, porque yo estuve un rato tirada y todos me venían a preguntar si estaba bien.

[…]

(Declaración de Fabiana Puebla. Comisión investigadora-Cromañón. Legislatura de la Ciudad Autónoma de Buenos Aires, 20 de mayo de 2005, a la hora 15 y 27, pp. 55-61).
[Versión taquigráfica disponible en: <http://www.quenoserepita.com.ar>].
(El subrayado es mío).

En este fragmento, en torno del cuerpo percibiente considerado como centro de referencia, se organizan los deícticos espaciales "*me quedé* ahí *tirada*", los verbos *entrar*, *sacar* y *venir*, los deícticos de persona *me* (me *quedé*, me *agarran*, me *sacan*, me *desmayo*, me *tiraron un balde*, etc.).

En todo acto de percepción, algo –un objeto o un acontecimiento– se hace presente ante alguien que, a su vez, manifiesta algún tipo de reacción frente a lo percibido (Filinich, 2003:54). Dicho de otro modo, en este acto inaugural de significación o *toma de posición*, el cuerpo se constituye como centro de referencia porque siente una intensidad que atribuye a una presencia (*mira*) y porque realiza, a partir de dicho centro, las apreciaciones de *posición*, de *distancia* y de *cantidad* (*captación*). Por otra parte, estas operaciones tienen lugar en un ámbito que puede ser definido como una *profundidad* (espacial, temporal, afectiva o imaginaria), considerada no como una posición sino como un movimiento que señala la distancia percibida entre el centro y los horizontes (Fontanille, 2001:84).

Así concebida, la percepción implica un esfuerzo por parte del sujeto percibiente que tendrá, básicamente, dos opciones estratégicas para captar el objeto: acumular diversos puntos de vista, realizando un recorrido alrededor de él, o seleccionar un aspecto prototípico y, a partir de allí, desarrollar las otras partes.

Por otra parte, el cuerpo es afectado por lo percibido en distinto grado y extensión (*posición*, *distancia*), pero para que el cuerpo perciba y sienta una presencia, esta debe poseer no solamente cierta *extensión*, de tal manera que pueda ser percibida, sino también cierta *intensidad*, por la cual el cuerpo se vea efectivamente afectado.

En el fragmento anterior la locutora ha perdido el conocimiento y comienza a darse cuenta de lo que sucede a su alrededor, cuando le tiran un balde de agua. Lo que adviene a su visión, en ese momento, son *"chicos* [que] *se estaban muriendo al lado mío"*, familiares o amigos que lloraban y los buscaban y *"gente que ayudaba"*:

> (10) No sabía dónde estaba parada, <u>veía que los chicos se estaban muriendo</u> al lado mío, <u>que los familiares lloraban</u> o los amigos buscaban desesperados.

En este testimonio, la estructura no elevada presente en (10) "veía que *los chicos…*" está a mitad de camino entre la percepción visual pura y la evidencialidad directa, en tanto refleja la percepción de una locutora que recién está saliendo de un desmayo y que no ve del todo bien o que, mejor dicho, no puede dar crédito de lo que ve, pero que comienza de manera incipiente a comprender la terrible realidad en la que está inmersa. Existe entonces algo, un acontecimiento en este caso, que adviene a su campo visual con tal intensidad que transforma un cuerpo desmayado y que no siente, en otro que padece.

Y es en este sentido que los evidenciales directos de acceso sensorial codifican tanto el padecer como el ver, porque en este ejemplo, al enunciar "veía que *los chicos se estaban muriendo…*", el sujeto de la enunciación pone en primer plano sus padecimientos y alude solo de manera secundaria al acto perceptivo que los ha provocado. En efecto, para darse cuenta de algún hecho o acontecimiento en el sentido de "comprenderlo", primero hay que haberlo vivido y, por lo tanto, haberlo visto.

En el próximo fragmento, la locutora-sobreviviente –Fabiana Puebla, la misma que la del anterior– elige en el plano cognoscitivo, el punto de vista de un locutor testigo que con su presencia en el lugar de los hechos garantiza la verdad de la información que transmite. En cambio, en el plano pasional o afectivo, es el cuerpo el que adopta una *mira*, una orientación que implica la selección de los sentidos que intervienen en la captación:

> […]
> Cuando salimos caminando para el lado de las escaleras, se cortó la luz. Cuando se cortó la luz, todos empezaron a gritar y a correr, y me solté de la mano de José. Por la luz del fuego <u>vi que él se iba con la gente</u>. Yo me quedé quieta y ahí lo perdí a él. No sé cuánto tiempo habré estado caminando, porque no podía salir. Caminaba de un lado

para otro, escuchaba que los chicos gritaban y golpeaban la pared pidiendo auxilio. No tenían modo de salir, el humo era muy negro. Donde yo estaba parada había una boca de ventilación y desde ahí descendía todo el humo. Eso era justo en mi cabeza.

(Declaración de Fabiana Puebla. Comisión investigadora-Cromañón. Legislatura de la Ciudad Autónoma de Buenos Aires, 20 de mayo de 2005, a la hora 15 y 27, pp. 55-61).
[Versión taquigráfica disponible en: <http://www.quenoserepita.com.ar>].
(El subrayado es mío).

Como surge de este fragmento testimonial, en la enunciación de Fabiana Puebla, el cuerpo percibiente deja literalmente de percibir y se transforma en un cuerpo "sufriente". Con la enunciación de

(11) Por la luz del fuego <u>vi que él se iba</u> con la gente.

la locutora pone en discurso mediante la construcción no elevada "vi que él se iba *con la gente*" un acto enunciativo entendido como la experiencia sensible del propio cuerpo que al "darse cuenta" de que se queda sola, permanece en un primer momento quieta por el terror y luego comienza a deambular buscando una salida. La *orientación* o la *mira* se delega entonces en otros sentidos, sonidos, gritos de auxilio y corridas que en un primer momento paralizan a la testimoniante. Sin embargo, queda un pequeño resquicio de percepción, gracias al cual y paradójicamente –ya que se trata del mismo fuego que provoca la intoxicación y muerte de todas las demás víctimas– la locutora realiza las apreciaciones de captación y puede ver, en el sentido de "darse cuenta", "comprender" y solo secundariamente de percibir, que José, su compañero, de cuya mano se había soltado, se iba hacia un lugar determinado con un grupo de gente.

Por otra parte, tal como surge de este fragmento, entre el *cuerpo* y el *horizonte* o *campo latente* de la experiencia sensible, media una *distancia* ante la cual el cuerpo percibiente realiza las *operaciones de captación* del objeto (Filinich, 2003:84). En este caso se trata de un espacio cerrado y oscuro –el local República de Cromañón– lleno de humo, que impide la visión y exacerba el terror de la sobreviviente.

Pero veamos ahora en los siguientes testimonios cómo es posible distinguir una estructura no elevada [*ver* que + verbo conjugado] que señala exclusivamente acceso visual a la información, de aquella otra, que marca una inferencia a la que el locutor arriba racionalmente a partir de determinados indicios.

• [*ver* que + verbo conjugado] (estructura no elevada como inferencia por razonamiento)
Veamos el siguiente testimonio de Florencia, una joven sobreviviente:

> – ¿Cómo saliste, Flor?
> Florencia: —Adentro, lo único que escuchaba era la voz de Julián. Le digo: "Vamos al piso, hay aire en el piso". Nos tiramos, pero no había aire, y nos pasaba la gente por encima. Nos volvimos a parar. Llegamos a la baranda y le digo: "Tirémonos". Me agarra y me dice que no. Le digo que nos vamos a morir. Me dice que no. Escucho que él me grita que me ama. En un momento nos separamos, no sé cómo. Justo cuando suelto la mano de Julián, <u>veo que dice "salida de emergencia"</u>. Al final pude salir por un costado del hotel.
>
> (AA.VV. (2005) *Generación Cromañón. Lecciones de resistencia, solidaridad y rocanrol*, Buenos Aires, lavaca, p. 27).
> (El subrayado es mío).

Como surge de este fragmento testimonial, la construcción no elevada "veo que dice '*salida de emergencia*'", señala percepción visual pura. En efecto, la estrategia en este testimonio parecería consistir en confrontar la negación de todos los sentidos, de hecho la locutora no puede escuchar nada, no puede respirar, no puede moverse, y está perdida en una profundidad de ahogo y encierro, con el único sentido que le permite salvarse: la percepción del cartel de la salida de emergencia.

Por el contrario, en el próximo fragmento en el que, Ricardo Righi, padre de una de las víctimas, denuncia ante la Comisión de la Legislatura el caos organizativo de las horas posteriores a la tragedia, la construcción no elevada [*ver* que + verbo conjugado] adquiere otro sentido, el de inferencia por razonamiento:

Sra. Presidenta (Ferrero). —Usted llegó a las 24 horas. Era todo un caos, a pesar de que había pasado una hora. En ese momento empezó a buscar a su hijo. ¿A qué hora se va usted al Hospital Ramos Mejía?

Sr. Righi. —Estuve dando vueltas unos 10 minutos y <u>vi que no podía hacer nada</u>; era mucho el lío; no había control; un solo policía estaba tratando de dirigir a las ambulancias. Transcurrida una hora no se había reestablecido un orden fundamental para salvar vidas. Así fue como pasó. Por eso fui a denunciar esto a la Fiscalía.

(Declaración de Ricardo Righi. Comisión investigadora-Cromañón. Legislatura de la Ciudad Autónoma de Buenos Aires, 20 de mayo de 2005, a la hora 15 y 27, pp. 31-33).
[Versión taquigráfica disponible en: <http://www.quenoserepita.com.ar>].
(El subrayado es mío).

La construcción no elevada "vi que no podía *hacer nada*" significa que el locutor, a partir de los datos disponibles a los cuales accede a través del sentido de la vista, está habilitado para inferir, es decir "saber" cuál era realmente la situación en la que se encontraba.

Pero el verbo *ver* aparece en el corpus de Cromañón, además de en las construcciones elevadas y no elevadas, de otro modo que explicito a continuación:

• *Veo* + od y complemento predicativo obligatorio orientado al objeto ≈ juzgar

Tal como señala M. I. Filinich (2003:88) para que el cuerpo capte y sienta una presencia, es necesario que la perciba como algo distinto, anormal o, al menos, fuera de su sistema de valores. Es así como en los siguientes fragmentos, mediante la enunciación de *ver* en 1ª persona del presente del indicativo con objeto directo y complemento predicativo obligatorio orientado al objeto, los locutores llevan a cabo las operaciones de *captación* para lo cual realizan apreciaciones o evaluaciones personales sobre la situación descripta. El siguiente fragmento es parte del testimonio de Armando Cansiani, padre de unas de las víctimas, analizado más arriba:

Sra. Estenssoro. —¿Los únicos que estaban eran los de personal de guardia?

Sr. Cansiani. —Había mucha gente que en mi vida había visto y las caras conocidas de estas áreas, que deberían haber estado en ese lugar y que yo las conozco, no las vi.

Sra. Estenssoro. —Muchas gracias.

Sr. Cansiani. —No sé si a ustedes les sirve tengo algo que me entregaron en la morgue y que uno de los doctores firma esto a las 11 y 30. Quisiera que lo leyeran porque hay una aclaración atrás respecto de una fecha que está rectificada o ratificada. En primer lugar la autopsia la hacen con NN con otro nombre y aparece una aclaración a posterior que, honestamente, me llama la atención. No sé si les sirve, <u>lo veo como un dato más a la causa</u>. Por lo menos para la búsqueda de información.

(Declaración de Armando Cansiani. Comisión investigadora-Cromañón. Legislatura de la Ciudad Autónoma de Buenos Aires, 20 de mayo de 2005, a la hora 15 y 27, pp. 46-54).
[Versión taquigráfica disponible en: <http://www.quenoserepita.com.ar>].
(El subrayado es mío).

En este fragmento, al enunciar *"lo veo como un dato más de la causa"* el locutor-testimoniante pone en escena un enunciador que muestra su subjetividad la que, validada por la racionalidad del juicio, provoca que *veo* se asimile en este contexto al significado "juzgo o considero este dato importante para la causa".

En el próximo fragmento testimonial, "Facu", un joven sobreviviente, cuenta su experiencia y es su propio cuerpo como centro de referencia el que expresa la reacción somática del pavor: la inmovilidad. El desconcierto y la incertidumbre marcan el choque entre dos sistemas de valores que a la manera de una lente desenfocada no encuentra el ajuste necesario. La predisposición para disfrutar de un espectáculo de rock queda así avasallada por el "quilombo" de oscuridad, asfixia y desesperación del interior del boliche bailable.

Estaba paralizado, desconcertado. No lo podía creer. No sé si era la incertidumbre de no saber qué va a pasar. Yo <u>la veía simple</u>, creo que en medio del quilombo pensaba que íbamos a ir para afuera. Después entraríamos y todo seguiría igual, como si no hubiese pasado nada.
Ni un segundo pensé que Cromañón podría prenderse fuego de esa manera. No caía. Pienso que a los demás les pasaría lo mismo. Si Eze no me agarra de la mano y me obliga a correr a la fuerza, muero ahí mismo intoxicado. Recuerdo cuando saltamos la barra y me caí. En ese momento lo único que pensé fue en mí. Ahí uno pensaba en uno. Son circunstancias de la vida en que lamentablemente pensás solamente en vos. Y lo peor vendría después, cuando se cortó la luz. En ese momento la verdad es que pensé que quedaría atrapado ahí. Chau, ya está. ¡Me muero acá nomás!

(Ratti, E. y F. Tosato (2006) *Cromañon. La tragedia contada por 19 sobrevivientes*, Buenos Aires, Planeta, pp. 124-125).
(El subrayado es mío).

Con la enunciación de (12), el locutor pone en escena la figura de un enunciador que expresa un juicio subjetivo en el momento de los hechos, con una mirada ingenua que le permite decir "yo juzgaba la situación como algo muy simple y pasajero":

(12) Yo <u>la veía simple</u>.

En efecto, *ver* no está en presente sino en pretérito imperfecto "*veía*", dado que se inserta en un contexto descriptivo en tiempo pasado, por lo cual, al igual que en el caso del evidencial judicativo *encuentro* (ver Capítulo 3) estaría a mitad de camino entre los verbos de percepción y los evidenciales, y podría parafrasearse como "la hallaba simple", acepción en la que predomina el matiz perceptual por sobre el del juicio, "juzgo", que solo se mantendría en tiempo presente .

Para finalizar, en el siguiente fragmento testimonial, la locutora, Mauge, otra sobreviviente, como intenta aportar evidencias para la causa, necesita proyectar una imagen de cautela y de racionalidad:

Mauge: —De Callejeros, yo digo que <u>no los veo culpables</u>, pero <u>los veo responsables</u>. Le dije a uno de la banda: "Si llenaste un Excursionistas hace diez días con 18.000 personas, no podés ir a Cromañón. Y el flaco me dice: "Pero yo perdí a alguien de mi familia". Está bien chabón, pero casi pierdo la vida por ir a verte a vos. Sos responsable, no sos culpable.

(AA.VV. (2005) *Generación Cromañón. Lecciones de resistencia, solidaridad y rocanrol*, Buenos Aires, lavaca, p. 31).
(El subrayado es mío).

La locutora de este testimonio necesita, entonces, y aunque parezca contradictorio, mostrar una subjetividad "objetiva", de allí que la enunciación del verbo *ver* en (13) opere de la misma manera que el evidencial directo de acceso sensorial *encuentro*, desarrollado en el Capítulo 3:

(13) … yo digo que no <u>los veo culpables</u>, pero <u>los veo responsables</u>.

El verbo *ver* en 1ª persona del presente del indicativo + OD y complemento predicativo obligatorio orientado al objeto podría, al igual que el ítem *encuentro,* ser considerado como un performativo, cuya enunciación equivale a la realización de un acto de habla judicativo. Por otra parte, en tanto evidencial directo de acceso sensorial, *veo* señala que lo que dice el locutor se origina en su experiencia personal, sin embargo, al igual que con *encuentro*, al enunciar *veo* el locutor pone en escena un enunciador que formula un juicio con el que tamiza la emoción de su enunciación y con el que logra, entonces, un efecto de mayor objetividad. El mismo significado se repite en el siguiente fragmento, en el que Gera, un sobreviviente, habla del rock:

Gera: —<u>Yo veo al rock como una expresión</u>. Para otra persona puede ser la pintura, o lo que sea. Pero con el rock se puede hablar de tantas injusticias que uno vive... A mí me gustan las bandas que dicen algo. Reconozco a los que son buenos músicos, respeto a todo el mundo. Pero si no me dicen nada y no me llegan, no hay caso. Eso es el rock. Es una actitud que está asumida desde el blues. Los negros eran todos laburantes en las fábricas, o esclavos, los reexplotaban y se expresaban con blues. <u>Yo lo veo como un espejo</u>. Acá en la Argentina son todas las bandas de chicos que laburan y me da mucha rabia cuando los músicos de arriba les sacan mérito, les dan palo y dicen "el rock chabón, el rock barrial". Las bolas: mejor que los pibes estén con una guitarra y no metiendo caños.

(AA.VV. (2005) *Generación Cromañón. Lecciones de resistencia, solidaridad y rocanrol*, Buenos Aires, lavaca, p. 60).
(El subrayado es mío).

Así,

    (14) Yo <u>veo al rock</u> como una expresión.

significa en el contexto del testimonio "Yo juzgo al rock como una expresión", del mismo modo que "*Yo lo veo como un espejo*" significa "lo juzgo, lo considero como un espejo".

Segunda parte:

El marcador *mirá*

Introducción

Tal como ya he señalado, los testimonios de Cromañón son un tipo particular de género testimonial en el que el "yo" testimoniante necesita, para resultar confiable, basar la objetividad de su discurso en su propia subjetividad. De allí que en esta segunda parte, siguiendo a H. Parret y a O. Ducrot, analizo el modo en el que los testimoniantes que, "padecen" precisamente por lo que "han visto", utilizan la forma gramaticalizada *mirá* cuya configuración polifónica codifica precisamente tanto la experiencia cognoscitiva –el ver y el saber– como la experiencia sensible, es decir, sus propias pasiones que derivan necesariamente de su presencia en el lugar de los hechos.

Los distintos usos de *mirá* se organizan en los testimonios analizados en un *continuum* gradual desde aquellas ocurrencias que conservan el significado de percepción visual pura en su base léxica, tal es el caso de la forma que he denominado *mirá 1*, hasta las otras más desemantizadas, los evidenciales directos de acceso sensorial, *mira 2* y *mirá 3*, formas muy cercanas a las interjecciones, sin ningún contenido descriptivo, es decir casi vacías de significado.

Mirá como verbo de percepción

Mirá 1

En los siguientes fragmentos testimoniales (1) a (4), los sobrevivientes, Matías, Marcelo Portelli, Viru, y Cami, enuncian *mirá 1* con el cual intentan literalmente hacer que el interlocutor dirija la vista hacia un objeto o hacia una determinada circunstancia: las estrellas pegadas en la media sombra o el fuego que comienza a expandirse.

Matías.

(1) –Ah, ¿ya habías ido a Cromañón?

–Sí, sí. Fui bocha de veces a ver a Callejeros y a otras bandas. Fui. Cuatro mil personas con Callejeros y… No sé. Fui a ver un par de bandas. Y me parece que en la famosa media sombra no sé si había como estrellitas ¿viste? Esas estrellas de colores que vos te pegás en la pieza…

–Sí, sí. Ésas que son fluorescentes…

–Sí. Ésas medias flasheras… Y había un loco que estaba ahí medio colgado y le digo "¡*Mirá*! ¡*Mirá* las estrellas!" Lo jodía, ¿viste? Y yo digo: "¿Qué hace esa lona ahí?". Digo: "¿Qué pasa si las arandelas…?" ¿Cómo es que se les llama los fueguitos que no son tres tiros? Son ésas que puso de moda "la 12", que hace fueguito, lo que prendió el fuego… Las candelas. Eso fue lo que originó el incendio. Yo no lo vi pero se sabe que es eso.

Reportaje testimonial realizado en el año 2005 a Matías por Daniela Ramos alumna, en aquel momento, de 1er año de la Facultad de Ciencias de la Comunicación (UBA) disponible en:
<http://www.ayeshalibros.com.ar/html/reportajes/cromanon/htm>
(El subrayado es mío).

Marcelo Portelli.

(2) –¿Ustedes dónde estaban?

–Estábamos abajo, donde están los baños de abajo del escenario. Mirando en frente del escenario a la derecha. Yo iba llegando, pasaba por atrás de las escaleras y se escuchaba que alguien decía: "Chicos, somos seis mil personas. Si esto se llega a prender fuego, de acá no salimos todos en diez minutos". No sé quién era. Después dijeron que era Chabán pero ahí yo justo estaba pasando por atrás de unas escaleritas, así que ni miré ni me interesó lo que estaban diciendo. Tampoco pensé que iban a prender fuegos artificiales ahí adentro.

–¿En qué tema empieza el fuego?

–En el primero al toque.

–¿Viste quién prendió la bengala?

–Vi a uno que prendió la bengala. Que no es bengala, es candela. Sí. Cuando yo vi que saltaban las pelotitas… Hay una parte en la que el techo es de cemento, y la otra de eso que se prendió fuego.

–Media sombra ¿no?

–Sí, media sombra. Yo no veía mucho. Veía que las pelotitas de la candela rebotaban con el techo. Y dije: "Éste va a quemar a alguno". Y ése casi nos quema a todos.

–¿Después qué pasó?

–Y bueno, ahí, cuando empieza a tocar, empiezan los fuegos, los petardos, todo. Y sí, al toque, la piba ésta me dice: "¡*Mirá*!" Los pibes se van al toque para el escenario. Y yo me quedé ahí. Estábamos terminando unas cervezas y la piba esta me dice: "¡*Uyy, mirá*! ¡*Fuego*!" Y le digo: "Debe ser una bandera. Ahora la descuelgan, la tiran al piso, la pisa la gente y se acabó todo". Y de repente hizo "fffffff". Todo, todo, todo el techo prendido fuego. Y la gente que estaba abajo se avivó al toque y se empezaron a correr. Se abrieron. Hicieron todo un hueco. Ahí se cortó la luz.

Reportaje testimonial realizado en el año 2005 a Marcelo Portelli por María Julia Erpen alumna, en aquel momento, de 1er año de la Facultad de Ciencias de la Comunicación (UBA) disponible en:
<http://www.ayeshalibros.com.ar/html/reportajes/cromanon/htm>
(El subrayado es mío).

Viru.

(3) Mi estado era catastrófico. Una cosa toda negra, vomitiva. Un asco total. Se acercaron Cali y Leo, con los que estuvimos juntos en los recitales anteriores. Uno, con el que estaba peleada, me había hecho descubrir a Callejeros. Ahora, uno de ellos me estaba descubriendo a mí, que estaba irreconocible, porque sentí que uno de ellos dijo: "¡*Che, mirá*! ¿Esa no es Viru? Y el otro le contestó: "¡Esa es Viru!… me parece…".

(Ratti, E. y F. Tosato (2006) *Cromañon. La tragedia contada por 19 sobrevivientes*, Buenos Aires, Planeta, p. 161).
(El subrayado es mío).

Cami.

(4) – ¿Pero la media sombra para qué estaba?

– Para no pagar un techo —dijo Cami.

– No, no —dijo Sole—. No. Porque antes… no. Porque estaba la media sombra y tenía como lucecitas.

– Eran como lucecitas de navidad —dijo Cami.

– Porque en realidad eso era una bailanta, antes —dijo Sole—. Me parece que eso como que quedó de la bailanta. (Risas) Porque eso era de bailaaaanta.

– No tenía como las estrellitas esas y la media sombra. Y yo me acuerdo que cuando fui, dije: "Me encanta este techo. ¡Está rebueno! <u>¡Mirá todas las estrellitas</u>!" Entonces, estaba re contenta mirando el techo —dijo Cami.

Reportaje testimonial realizado en el año 2005 a Cami por Vera Frascino, alumna, en aquel momento, de 1er año de la Facultad de Ciencias de la Comunicación (UBA) disponible en:
<http://www.ayeshalibros.com.ar/html/reportajes/cromanon/htm>
(El subrayado es mío).

Como surge de estos fragmentos, *mirá 1* mantiene el contenido semántico original de "aplicar la vista a un objeto de manera voluntaria", por lo cual se trata de un verbo de percepción. En tal sentido, este marcador poseería una función deíctica o contextual.

Resulta interesante destacar que la mayoría de los enunciados con *mirá 1* coinciden con los relatos testimoniales que describen los primeros momentos de la tragedia y que contribuyen a la configuración de una imagen discursiva o *ethos* ingenuo; efectivamente, la locutora de *mirá 1*, en el ejemplo (4),

Cami, en tanto testigo ocular y, al posicionarse en concomitancia con los hechos que describe, alude a las "estrellitas" como elemento decorativo o, al fuego en su aspectualidad incoativa como algo inocente y pasajero.

Y la inocencia radica precisamente en que el horror de la enunciación de "*¡Mirá todas las estrellitas!*" solo puede ser comprendido cabalmente desde un presente de la enunciación posterior al de los hechos. Es por esta razón que, en estos fragmentos testimoniales, se produce la misma conmoción que provoca la "ironía trágica" en la tragedia *Edipo Rey*, de Sófocles.

Es sabido que Edipo persigue con paradójico ahínco la búsqueda del asesino del rey Layo, a quien él ha reemplazado en el trono y con cuya mujer se ha casado. La "ironía trágica" de este mito consiste en que Edipo, a pesar de todos los indicios que se le presentan ante sí, no puede "ver" en el sentido de darse cuenta, que es él mismo el que ha matado al rey, y que este además es su padre. Y, entonces, cuando finalmente "ve", es decir deja de estar ciego y se da cuenta de aquello que la audiencia sabe y por lo tanto condena desde un principio, se arranca los ojos, para no ver –en sentido literal– el horror incestuoso y parricida en el que ha caído.

Algo similar sucede con la enunciación de "*¡Mirá todas las estrellitas!*", puesto que con el ítem "*mirá*" y con el diminutivo "estrellitas", además de con el contexto de alegría que manifiesta la locutora, se acrecienta la ingenuidad del enunciado y se produce el mismo efecto de "ironía trágica" que emana de la autodestructiva búsqueda de la verdad de Edipo. En efecto, "*¡Mirá todas las estrellitas!*" solo puede ser interpretado en un momento posterior al de la enunciación y al del terrible incendio de la noche del 30 de diciembre de 2004, en el que toda la audiencia sabe que murieron asfixiados 194 jóvenes.

En los testimonios de Jorge Kehiayan y Fico, (5) y (6), en cambio, y con el mismo ítem ¡*mirá*!, puede observarse que hay una incipiente toma de conciencia de los locutores que, desde el presente de la enunciación, son capaces de interpretar las evidencias de manera correcta: en el ejemplo (5) "Mirá, *mamá ese es el chabón que habló*", el "chabón" alude a Chabán, al que el locutor ve por televisión al día siguiente de la tragedia: "*Después me enteré de que era él*".

Jorge Kehiayan.

(5) – ¿Los días siguientes cómo fueron?

—El día siguiente, prendido todo el día el televisor. El día siguiente fue el peor, todo el día prendido el televisor a ver qué era lo que pasaba. ¡Ah! Después, esa misma noche que yo llego acá y me quedo mirando el noticiero muestran una foto de Chabán y yo ahí digo: "Oia ¿ése no es el que habló ahí cuando tiraron la bengala y todo?". Digo: "sí, es ése". Dije: "<u>Mirá, mamá ese es el chabón que habló</u>". Yo ni sabía que era Chabán. Sabía que existía Omar Chabán pero no lo tenía en mi cabeza. Después me enteré que era él.

Reportaje testimonial realizado en el año 2005 a Jorge Kehiayan por Mariana Luna, en ese momento alumna de 1er año de la Facultad de Ciencias de la Comunicación (UBA) disponible en:
<http://www.ayeshalibros.com.ar/html/reportajes/cromanon/htm>
(El subrayado es mío).

Lo mismo sucede con el ejemplo (6) "*¡Mirá la cantidad de gente que hay!* con el que el locutor reproduce las palabras de reproche de su prima que lo interpela a que "dirija la vista" hacia la cantidad de personas que hay en el lugar, pero también a que tome conciencia de que este hecho, sumado al calor la habilitan para enunciar: "*¡Si hubiera sabido, no venía!*" (6):

Fico.

(6) Los días anteriores me había encontrado con Domi antes de entrar y habíamos ido a dar unas vueltas por ahí. Llegar con tiempo para chusmear quiénes estaban, quiénes no, qué se puso aquel, con quién sale aquélla era un ritual fijo. Ese día, como no lo pudimos hacer, mi prima tenía una cara de culo infernal. Lo único que hacía era quejarse: "<u>¡Mirá la cantidad de gente que hay</u>! ¡Me estoy deshidratando! ¡Nos vamos a morir de calor! ¡Si hubiera sabido, no venía!".

Ratti, E. y F. Tosato (2006) *Cromañon. La tragedia contada por 19 sobrevivientes*, Buenos Aires, Planeta, pp.76-77).
(El subrayado es mío).

Finalmente, en el ejemplo (7), *"Algo extraño pasaba"* se contrapone a "Mirá, *fuego. ¡Salgamos de acá! ¡Salgamos!"*, con el que el locutor, Domi, asume plenamente la magnitud de los hechos:

Domi.

(7) [...] Algo extraño pasaba. Matías trató de protegerme. No nos daba el bocho para comprender qué sucedía. Cuando se dio cuenta de que faltaba Anabel, le agarró un ataque. En ese momento me sentía como petrificada contra la pared, pero protegida por Matías. En eso me di vuelta y vi el fuego en el techo. Le dije a Mati: "<u>Mirá, fuego</u>. ¡Salgamos de acá! ¡Salgamos!". La música se cortó.

(Ratti, E. y F. Tosato (2006) *Cromañon. La tragedia contada por 19 sobrevivientes,* Buenos Aires, Planeta, pp. 118-119).
(El subrayado es mío).

Mirá como evidencial directo de acceso sensorial

Mirá 2
Como puede verse en este ejemplo, la forma *mirá 2* está, dentro del *continuum* al que aludí más arriba, muy cercana a *mirá 1*. De hecho, la función de *mirá 2* sigue siendo deíctica y admite concordancia, *mirá* y *miren*.

• Con función deíctica

(8) **Sra. Presidenta** (Ferrero). —¿Fabiana, vos recordás más o menos el horario de todos esos incidentes? ¿Podés calcularlo?

Sra. Puebla. —Más o menos calculo por los mensajes que tengo en el celular.
Sra. Presidenta (Ferrero). —Y, más o menos, eran las...

Sra. Puebla. —Eso era más o menos diez menos cuarto.

Sra. Presidenta (Ferrero). —A las diez menos cuarto vos escuchás esta bengala de tres tiros. Entonces, ¿qué pasa?

Sra. Puebla. —<u>Me quedé dura</u>. No entendía nada. Antes de que pase todo esto, cuando estaba hablando Chabán, le dije a José: "¿para qué dice tantas cosas éste? Está llamando a la desgracia". Y él me dijo: "<u>no seas boluda, *mirá* cómo está el techo.</u> ¿No te das cuenta de que se puede prender fuego y podemos morir todos acá?" Y me dejó pensando. Pero cuando vi que se empezó a prender fuego el techo, <u>me quedé quieta y dura</u>. No lo podía creer. En eso, veo a unos chicos corriendo y <u>lo único que atino a hacer es quedarme en la baranda</u> y gritarles "<u>¡pendejos pelotudos: *miren* lo que hacen, y ahora salen corriendo!</u>", porque yo veía que los que prendieron la bengala salían. <u>Pero me quedé dura</u>.

(Declaración de Fabiana Puebla. Comisión investigadora-Cromañón. Legislatura de la Ciudad Autónoma de Buenos Aires, 20 de mayo de 2005, a la hora 15 y 27, pp. 55-61). [Versión taquigráfica disponible en: <http://www.quenoserepita.com.ar>] (El subrayado es mío).

Sin embargo, en este caso sostengo que se trata de un evidencial directo que codifica lo lo racional y lo pasional, puesto que José, el locutor de "*no seas boluda*, mirá *cómo está el techo*", pone en escena dos enunciadores: E_1 que sostiene el punto vista de la interpelación al interlocutor para que dirija la vista al techo y E_2, que mediante la forma exclamativa *mirá*, "muestra" su subjetividad, y se erige como la fuente y el origen de su propia enunciación. La subjetividad de la locutora se ve con mayor claridad en el ejemplo "*¡pendejos pelotudos:* miren *lo que hacen, y ahora salen corriendo!*" en el cual *miren* ya no alude a la acción de dirigir la vista hacia un determinado lugar, sino más bien, a "darse cuenta", a "asumir" una determinada situación.

Con la enunciación de *mirá* 2 se performa, entonces, un acto de habla *pathémico* —en este caso, de reproche desesperado— mediante el cual la locutora-testimoniante, Fabiana Puebla, muestra el incipiente terror que la invade y que surge precisamente de su presencia en el lugar de los hechos, de su participación como testigo ocular.

A nivel de enunciado, resulta interesante señalar también la presencia de vocativos insultivos como "boluda"[21] y "pendejos pelotudos" que *pathemizan* la enunciación, puesto que muestran un *ethos* que habla desde su más profunda consternación.

Por otra parte, M. I. Filinich (2003:96), tomando como base varios trabajos de J. Fontanille (1994, 1999, 2001), señala que existen determinados recursos como la *modalización*, el *aspecto*, el *ritmo*, la *perspectiva*, las *escenas típicas* y las *expresiones somáticas* que, considerados como actos enunciativos en sí mismos, producen efectos pasionales. Así, en los enunciados "*Pero cuando* vi que *se empezó a prender fuego el techo, me quedé quieta y dura*", "*Pero me quedé dura*", el propio cuerpo de Fabiana Puebla se transforma en el locutor del discurso que expresa mediante la estructura no elevada "...cuando vi que..." los estados afectivos y, a su vez, establece las estrategias de interpretación de la significación: es el enunciador del pavor el que produce que el cuerpo de la locutora quede en estado de inmovilidad en el preciso momento en que "se da cuenta" de lo que sucede.

La *aspectualidad* y el *ritmo* son otros de los rasgos mediante los cuales la enunciación vuelve manifiesta una pasión, en tanto modulan las variaciones que se producen sobre el eje de lo continuo: aceleración o disminución del movimiento, repetición, incoatividad, duratividad o terminatividad (Filinich, 2003:95). En el ejemplo, entonces, es justamente el aspecto incoativo del miedo lo que emerge a la superficie discursiva y lo transforma en pavor. En efecto, mientras la aprensión se caracteriza por focalizar el miedo en su anterioridad, el terror es un estado durativo que, transformado en pánico o pavor, concentra el efecto en un punto extremo y puntual. De hecho, los sobrevivientes de esta tragedia, entre otros muchos factores, encontraron la forma de abandonar el lugar a pesar del humo, del encierro y de la oscuridad, porque pudieron superar ese instante de inmovilización.

• Con función fática interna

El siguiente es un reportaje hecho por María Julia Erpen a Cristian Portelli, un sobreviviente que cuenta detalladamente su periplo el día del recital. Pero

---

[21] Para un análisis y caracterización de los vocativos insultivos e insultativos en el español de Buenos Aires, véase S. Ramírez Gelbes y A. Estrada (2003).

me interesa destacar el siguiente fragmento en el cual la entrevistadora pregunta por los objetos que los familiares y los padres depositan en memoria de las víctimas en el altar levantado en el barrio de Once:

Cristian Portelli.

(9) –¿Cómo te pareció que los medios de comunicación trataron el tema?

–Y bueno. Era feo, horrible pero, ¿qué le vas a hacer? Lo que pasa es que gracias a la televisión se hizo un montón de cosas. Yo tengo los amigos míos en terapia y las madres se metieron no sé en cuántas morgues. Esa gente quedó peor que los que fuimos. Mi amigo me lo dice. Mi vieja quedo peor que yo. ¡¿Sabés qué feo es ir a agarrar la sábana y acertar si está tu hijo ahí abajo?! Esa gente quedó como loca. La hermana quedó recolifa; la madre, hecha mierda... Fueron a todos los hospitales de allá de Capital y de ahí se fueron a la morgue. Y él apareció a las siete de la mañana en el hospital internado. Porque si vos estás desmayado, ¡no podés hacer nada! Si yo me hubiera desmayado, mi vieja se moría. A mi vieja la llamaron porque habían encontrado el documento y querían ver si capaz que estaba muerto.

–¡¡¡Y vos ya estabas acá!!!

–Yo ya estaba acá, gracias a Dios, durmiendo. Yo llegué acá y vi en la tele alrededor de quince muertos que ya los había visto allá pero yo sabía que eran más. ¿Sabés?, cuando salí, dije: "Alguno va a morir. Ojalá que no pero para a mí, alguno se muere". Le dije a la chica... Lo que menos me iba a imaginar es que iban a morir doscientas personas... No. No. No. ¡Fue un desastre! ¡Para la fecha en que fue a caer! No tiene nada que ver porque se te muere un hijo, y caiga en la fecha que caiga se te muere un hijo, pero el 30 de diciembre, al otro día tenés que levantar la copa y venís del cementerio. ¿Cómo levantás la copa? No levantó la copa nadie ese día. No. ¡Muy triste! ¡Muy triste! ¡Una mierda!

–¿Llevaste algo para dejar ahí?

–No. Llevar, nada más que flores. No. Pero es recomún llevar flores, flores lleva todo el mundo. Pero… Dejar algo así, no se me ocurrió nada porque gracias a Dios no tengo ningún conocido. Si tenés algún conocido, vas.

–Dejan de todo, hasta latas de cerveza.

–Sí. Cigarrillos para los que fumaban. Todas las zapatillas que quedaron colgadas desde ese día… Mi amigo perdió la de él y encontró otra. Tenía una Topper de cada color. Fue lo único que me hizo reír en esa noche. Fue eso porque tenía una toda blanca y la otra era como la banderita a cuadros. Yo lo veía a él y parecía un payaso. Tenía una de cada color y agarro y le digo: "Che, Luciano, ¿vos sos consciente de que esa zapatilla que tenés puesta puede ser de un fiambre?". Y me dice: "¡¡¡No, boludo!!! ¡¡¡No quería ni pensarlo!!!". Llegué a mi casa y lo primero que dije cuando a mi vieja fue: "¡¡¡Vos no sabés lo mal que la pasé!!!". Nos tiramos los dos al suelo en la puerta. De lo que perdí, lo que más lamento es la plata porque tenía como ochenta mangos, porque yo decía: "Voy con la mina, después salimos por allá. Me queda plata para salir." "*¡Mirá a donde salí!*

Reportaje testimonial realizado en el año 2005 a Cristian Portelli por María Julia Erpen, en ese momento alumna de 1er año de la Facultad de Ciencias de la Comunicación (UBA) disponible en: <http://www.ayeshalibros.com.ar/html/reportajes/cromanon/htm> (El subrayado es mío).

Según S. Pons Bordería (1998:219), la función fática interna, anafórica o catafórica, señala una parte del enunciado al que el interlocutor debe prestarle atención. Esta forma también estaría representada por la forma que he denominado *mirá 2*. Así, en el ejemplo anterior (9) la enunciación de *mirá 2* apunta a señalar una inferencia del locutor plasmada en el mismo enunciado. Pero en este caso se trata de un ejemplo intermedio entre la función deíctica propiamente dicha y la fática interna. Efectivamente, el locutor de (9) enuncia "¡Mirá *a donde salí!*" desde un presente pospuesto al momento en el que sucedieron los hechos, los que quedan explicitados en los enunciados anteriores. De allí que también podría tratarse de una función fática interna anafórica.

En cuanto al ejemplo (10) en el que Sonia, Florencia y Mauge recurdan la noche de la tragedia, el enunciado pospuesto al marcador *mirá*, en este caso con función fática interna catafórica, explicita lo que la locutora, Sonia, considera como una ironía: que dos días antes de la tragedia, el diario *Clarín* haya publicado, como una de las fotos del año, la de una joven rockera sosteniendo una bengala.

(10) Sonia: —<u>Me acordé de algo, *mirá* la ironía</u>. Dos días antes de Cromañón, *Clarín* saca las mejores fotos del año. Una es de una chica con la remera de Los Piojos, con una bengala así de grande.

Florencia: —Estaba asociada a la alegría.

Mauge: —Claro, con La Renga siempre fue una fiesta prender bengalas. O la guerra de los trapos cuando tocaban La 25 o Los Gardelitos.

Sonia: —Pero hay mucha mentira. El pelado Cordera apreció declarando que ellos no usaban bengalas. (Risas generalizadas). Yo se las vi en montones de recitales. Son unos caraduras…

Mauge: —No sabés las bengalas que vendían en Ferro, cualquiera lo sabe, y está lleno de fotos.

—¿Por qué creen que Cordera hizo esa declaración?

Mauge: —Para sacarse el problema de encima y decir (parodiando a las estrellas de rock, con sus dedos en "v"): "Oh, somos repacíficos, vengan con nosotros, amor y paz, angelo paolo". No, flaco, no es así.

—¿Y vos que pensás? ¿Por qué lo dijo?

Sonia: —Porque es un imbécil.

(AA.VV. (2005) *Generación Cromañón. Lecciones de resistencia, solidaridad y rocanrol*, Buenos Aires, lavaca, p. 31).
(El subrayado es mío).

Por otra parte, en términos de J. Fontanille (1994, 1999, 2001), en ambos ejemplos la enunciación produce la emergencia del componente pasional mediante la irrupción de una escena típica: en el ejemplo (9), las zapatillas colgadas de las víctimas y en el (10), las bengalas, símbolo de pertenencia a la cultura del rock. De este modo, el discurso deposita en estas escenas la carga afectiva, porque tanto las zapatillas como las bengalas son metáforas que desencadenan la escena prototípica: la tragedia de Cromañón.

Para finalizar, en este uso de *mirá 2* se mantiene la intensidad exclamativa mediante la cual la enunciación se muestra como involuntaria y como arrancada del locutor a través de los sentimientos o sensaciones que experimenta.

Veamos a continuación cuáles son las características de *mirá 3*.

Mirá 3

Como puede observarse, en los testimonios de Jorge Kehiayan y Patricio Santos Fontanet, cantante del grupo de rock Calljeros –ejemplos (11) a (13)– *mirá* ha debilitado en parte el contenido semántico propio del verbo de percepción. De hecho, ya no se trata de llamar la atención del interlocutor para que mire algo en el contexto situacional o en el contexto discursivo inmediato. Se trata, en realidad, de un efecto pasional en el cual la aplicación de la fuerza emotiva produce un acto de habla específico.

Veamos un ejemplo de *mirá 3* en el testimonio de Jorge Kehiayan, quien entrevistado por Mariana Luna (11), describe los momentos posteriores al incendio y el modo en que le comunicó a su mamá lo sucedido:

Jorge Kehiayan.

(11) –¿Cómo estaba adentro?

–Había mucho humo. Para mí era humo como un asado, común, ¿viste? No me imaginé que era humo tóxico. Entonces yo entré sin taparme la nariz porque además no fue que entrábamos hasta adentro de todo; entrábamos hasta ahí, hasta la puerta y sacábamos lo que podíamos. Tardábamos lo que tardábamos en sacar. Ya una vez que pasó todo esto tratamos de tranquilizarnos nosotros también porque de repente pasaban al lado tuyo con un pibe que está muerto y que lo tiran a un costado cuando vos estás vivo ahí y supuestamente ibas a vivir una fiesta. Entonces nos abrazamos con mi amigo y nos pusimos a llorar remal porque no lo podíamos creer. (*Silencio*). Bueno, agarramos, nos tranquilizamos. Yo sabía que mis papás no se podían enterar porque si bien sabían que había ido al recital estaban cenando afuera, en un restaurante y no lo iban a saber de otra forma que no fuera por mí. Entonces nosotros les dejamos la misión a las chicas de que avisen en nuestras casas de que nosotros estábamos bien y todo. Obviamente cuando llamo a mi mamá, esto habrá sido a las dos horas por ahí, digo "mamá quedate tranquila yo estoy bien, estamos todos bien, hubo un incendio en el lugar que estábamos" y me dice: "¿Fue grave?". "<u>Si, mirá, mamá, hay muertos</u>". Yo a mi mamá nunca en mi vida le conté que había vuelto a entrar. Pero después se lo tuve que decir porque me saltó el tema del humo en los pulmones. Porque estábamos jugando al fútbol a los tres, cuatro días con mi amigo, y de repente empezamos a toser mal y largábamos como algo negro. Ahí nos cagamos en las patas y nos fuimos para el hospital los dos juntos, nos hicimos los estudios y ahí detectan el humo en los pulmones. No lo podíamos creer porque para nosotros era humo común. Empezamos el tratamiento de nebulizaciones para recambiar el oxígeno. Varias sesiones tuvimos que hacer para sacar todo el humo que teníamos. Después está el tema del tratamiento psicológico. Tenemos un año de tratamiento psicológico todos los chicos que fuimos esa noche, amigos y eso; tenemos un año de tratamiento psicológico y seis meses de tratamiento neurológico. Ahora en el tratamiento psicológico ya pasó lo peor, que era el hecho sacar toda la bronca que teníamos adentro y todo lo que nos pasaba. Por un lado nos sirvió, no tanto por ahí por el hospital público, porque el psicólogo que nos tocó acá en el Hospital Argerich no era muy bueno que digamos; no es que no era muy bueno, a nosotros no nos satisfacía. Entonces decidimos buscar otro por nuestro lado y bueno, encontramos una psicóloga amiga de una de las madres de las chicas que también estaba atendiendo otros chicos de Cromañon y empezamos a ir ahí. Primero teníamos que ir grupales y después ya de a dos, de a tres.

—No me terminaste de contar cuando llamaste a tu mamá…

–¡Ah! Bueno, yo la llamé a mi mamá y le digo: "_Mirá_, mamá yo estoy bien, estamos todos bien, le digo hay muertos..". "Te quiero ya acá". Le digo: "Bueno, quedate tranquila, yo ya estoy yendo para allá", porque nos estaba yendo a buscar el papá de uno de los chicos. No sabíamos decirle donde nos vaya a buscar porque era un quilombo. En Pueyrredón y Rivadavia no nos iba a encontrar más. Vamos caminando hasta Corrientes y nos encontramos en Pueyrredón y Corrientes, que estaba un poco más calma la cosa, y bueno, nos encontramos ahí, fuimos caminando, o sea, todos llorando.

–Y cuando llegaron…

–Y cuando llegamos mi mamá ya había pedido que pongan la tele en el restaurant. Llegué, me abrazaron todos, estaba mi abuela también ahí. Me preguntaron qué fue lo que pasó.

–¿Conocías a alguien que haya salido lastimado o herido?

–Sí. Yo esa noche tenía un compañero de colegio que no sabía que había ido, no sabía que estaba ahí, no lo vi ni haciendo la cola para entrar, no lo vi adentro ni cuando empecé a sacar gente ni en todo el lío ese. El celular no lo había llevado porque nunca llevo el celular a los recitales y cuando llego a casa lo prendo y había mensajes que me preguntaban por Pancho. Digo: "¿Qué pasa con Pancho? No, Pancho no fue. ¿Cómo que Pancho fue si no estuvo conmigo nada?". No pude dormir en toda la noche y al otro día me entero que Pancho había aparecido internado en Hospital Español en terapia intensiva. Pancho estuvo quince días en coma farmacológico y bueno, después pudo salir. Había perdido el conocimiento por el tema del humo y quedó desmayado boca arriba; después, cuando vomitó se tragó el vómito entonces era mucho peor el cuadro de él y bueno, por suerte pudo salir y ahora está bien. No te puedo decir que hace vida normal pero está bien.

Reportaje testimonial realizado en el año 2005 a Jorge Kehiayan por Mariana Luna, en ese momento alumna de 1er año de la Facultad de Ciencias de la Comunicación (UBA) disponible en:
<http://www.ayeshalibros.com.ar/html/reportajes/cromanon/htm>
(El subrayado es mío).

Como señalé antes, *mirá 3* ha perdido la fuerza interjectiva propia de *mirá 2* y, en cambio, pone en escena a un locutor que intenta atenuar el impacto emocional que su acto de habla puede causar en el interlocutor, en este caso, su mamá. La enunciación de esta ocurrencia de *mirá* ha perdido fuerza, pero en su lugar, se presenta modalizada entre las fuerzas tensivas que instauran los verbos *querer* y *poder*. Tal como señala M. I. Filinich (2003:93-94):

> [...] para que una pasión tome forma en el discurso no basta con la aparición de una modalidad. Para que un sujeto sea afectado por la tensión de fuerzas que implica una pasión, es necesario que, al menos, dos modalidades entren en juego. [...] Como se ve, un conflicto de fuerzas contrapuestas atraviesa al sujeto apasionado, de aquí que la modalización haya sido tratada como una dinámica de fuerzas que enfrenta a un agonista y un antagonista.

En el ejemplo que nos ocupa, la fuerza tensiva, cuya dinámica producirá distintas modalizaciones, puede instaurarse entre el *no deber* y *el querer* decir. Por ejemplo, la preeminencia del *querer decir* por sobre el *no deber*, puede provocar desde la simple infidencia, a la mortal delación. Y la preeminencia del *no querer* sobre el *deber* decir originaría la omisión.

En el ejemplo (11), es precisamente esta tensión entre el *no querer* decir y el *deber* decir lo que afecta al sujeto de la enunciación, quien dice "*Sí*, mirá, *mamá, hay muertos*", y presenta su enunciación como una especie de simulacro de infidencia que le provoca un sentimiento de culpabilidad por tener que decir aquello que *no quiere*, que no hubiera querido decir nunca, pero ante cuya inevitable realidad *debe* necesariamente decir. El locutor se asimila a un E_2 que reconoce que hay muertos porque los está viendo en ese preciso momento y se opone a un E_1 que preferiría omitir precisamente esa información: que hay muertos.

En síntesis, a pesar de que la forma *mirá* ha perdido en parte su contenido de verbo de percepción, se trata en este caso de un evidencial directo mediante el cual el locutor presenta su enunciación como atenuando el impacto emocional que la visión de los jóvenes muertos le provoca y que, supone, le provocará también a su mamá. Con la enunciación de *mirá 3* el locutor proyecta, entonces, un *ethos* vacilante, perturbado y temeroso de perturbar al interlocutor. Como marcador endofórico, codifica la dimensión pasional del sujeto de la enunciación, que proyecta su euforia o su disforia en tanto sujeto afectado por lo que percibe (Filinich, 2003:104). Pero como marcador de acceso sensorial a la información, también codifica la actividad cognoscitiva del sujeto de la enunciación que, como puede verse en el ejemplo (11), controla la circulación de la información en el discurso de tal forma que puede manipularla y elegir entre el *querer* o el *no querer* decir. En este ejemplo, a pesar de *no querer decir* que hay muertos, elige decirlo, pero atenúa su decir con la forma *mirá*.

Todo lo contrario ocurre en el ejemplo (12), fragmento de un reportaje televisivo al grupo "Callejeros", realizado por el periodista Nelson Castro en su programa *El juego limpio*. Participaron de este reportaje, Daniel Cardel (escenógrafo del grupo), Juan Alberto Carbone (saxofonista), Patricio Santos Fontanet (cantante) y Maximiliano Derfi (guitarrista). Durante el desarrollo del programa, Nelson Castro aclaró que el guitarrista Eduardo Vázquez (cuya esposa falleció en febrero de 2010 producto de las graves quemaduras que sufrió en una pelea con él) no se encontraba presente, debido a que estaba "muy tocado" por los hechos de Cromañón (su madre también murió en el incendio). Luego de ese comentario, Eduardo Vázquez se incorporó a la entrevista en los últimos bloques. Tampoco estuvo presente Diego Algañaraz, representante del grupo, porque en aquel momento estaba preso.

Como decía entonces, en el ejemplo (11) el locutor *no quiere decir*, pero elige hacerlo, mientras que en (12) se trata de la omisión de la información: el locutor, Patricio Santos Fontanet, no *debe decir* la información que está en la causa y tampoco la *quiere decir* porque teme perjudicarse y, entonces, atenúa la fuerza tensiva con el marcador *mirá*:

Patricio Santos Fontanet.

(12) Nelson Castro: —La gente que entraba era cacheada. Esto es correcto. Los que entraron con las bengalas ¿por donde entraron? ¿Ustedes saben?

P. S. Fontanet: —<u>*Mirá*, eso es lo que todavía, lo que todavía no podemos aclarar.</u> Nosotros… hay indicios de que de que alguien puede haber hecho que se evada el cacheo, pero esto está en la causa, viste, y no podemos hablar sobre ese tema porque es acusar… Hay indicios, pero todavía no lo sabemos.

Reportaje del periodista Nelson Castro al grupo Callejeros en el programa de TV *El juego limpio* del 3 de marzo de 2005.
(El subrayado es mío).

Por su parte, en el ejemplo (13) "… mirá, *este papá no quiere hablar con ustedes*…", se trata de la atenuación de la afrenta que significa tener que transmitir el repudio hacia el grupo de rock Callejeros a los que los padres de las víctimas consideran uno de los culpables de la tragedia. Por otra parte, resulta interesante el contexto *pathémico* que justifica la enunciación de *mirá 3*, en el que el cantante, Patricio Santos Fontanet, antes de contestar a la pregunta del periodista acerca del lugar por el que los músicos lograron salir del local aquella noche, se coloca en el rol de una víctima más de la tragedia –él también ha perdido a seres queridos en el incendio– y cuya vida se divide en un antes y un después de Cromañón:

Patricio Santos Fontanet.

(13) Nelson Castro: —¿Por dónde salieron ustedes?

P. S. Fontanet: —Yo no, no, a nosotros nos pasa de hablar con los padres y algunos nos dicen, *mirá*, <u>este papá no quiere hablar con ustedes</u>, está enojado y no quiere hablar con ustedes, yo no puedo dejar de entender que perdieron a sus hijos. Acá yo la otra vez lo hablaba y yo decía a mí, yo no intento zafar de nada, yo tenía una vida hasta el 30 de diciembre y después del 30 de diciembre no tengo más vida, yo no zafo, yo de acá no zafo, yo amaba a una persona y no la voy a ver más, la voy a ver acá dentro pero no la voy a ver todos los días, la sigo amando, la extraño mucho y yo veo que ellos deben sentir lo mismo. […] Yo ehh porque vos preguntás cómo salieron del lugar: yo no salí del lugar, yo estoy ahí adentro desde hace dos meses, yo te puedo decir por qué lugar físico salí, pero yo no salí… Me acuesto a la noche angustiado, me levanto angustiado, extraño mucho a la gente que no está. Pienso en la cantidad de chicos que iban a ver a la banda y que no están más y por más vuelta que le busquemos, por más explicaciones, por más que se sepa la verdad y lleguemos a la verdad, el dolor no se va a acabar nunca y yo respeto absolutamente todo porque yo no, qué querés que te diga, me toca está como estoy y me toca también entender a lo que venga, ¿entendés? Porque son 193 personas que no existen más, no es que podés, es una cuestión tan loca ¿entendés? Yo hoy veníamos entrando acá y decíamos: *mirá* donde estamos, *mirá* en lo que se convirtió esto y tratás de buscar explicaciones y no no no hay manera, no hay manera de recuperar la felicidad…

Reportaje del periodista Nelson Castro al grupo Callejeros en el programa de TV *El juego limpio* del 3 de marzo de 2005.
(El subrayado es mío).

Cuando el locutor retoma la pregunta del periodista sobre el lugar por el que los músicos lograron escapar del fuego: "*Yo ehh porque vos preguntás cómo salieron del lugar: yo no salí del lugar, yo estoy ahí adentro desde hace dos meses, yo te puedo decir por qué lugar físico salí, pero yo no salí…*", la tensión entre lo que el locutor *debe decir* pero *no quiere decir* genera la modalización de la enunciación que el locutor utiliza como estrategia discursiva; porque la reticencia del locutor queda solapada detrás de una respuesta metafórica que transforma un espacio físico concreto al que el cantante no quiere aludir (en realidad los músicos salieron por una puerta cercana al escenario que daba a un hotel aledaño al local y a la cual el público no tenía acceso) en un espacio que simboliza el dolor en el que han quedado fijados los que, de alguna u otra manera, fueron partícipes de la tragedia.

Hacia el final el locutor de (13) enuncia "… mirá *donde estamos*, mirá *en lo que se convirtió esto…*" para instaurarse nuevamente en un espacio victimizado mediante la enunciación de la forma *mirá* la que, tal como la del ejemplo (11), está a mitad de camino entre la función deíctica propiamente dicha y la función fática interna. En efecto, se trata de la forma que he llamado *mirá 2* a la que también considero un evidencial porque codifica simultáneamente el componente *pathémico* "darse cuenta" y el componente visual "ver".

En síntesis, tal como surge de los ejemplos (11) a (13), *mirá* ha perdido en todos ellos el significado de percepción visual y se ha resemantizado para reflejar, además, el estado interno del hablante, sus sentimientos y sus pasiones. Por otra parte, si bien es cierto que el rasgo perceptual se halla debilitado, (efectivamente no se trata de dirigir la vista hacia el contexto como con *mirá 1* o hacia el cotexto como con *mirá 2*), *mirá 3* codifica en su significado la fuerza ilocucionaria que, según H. Parret (1995*a*), puede introducir el elemento pasional en el discurso. En otras palabras, con *mirá 3* el locutor performa un acto de habla pasional, cuya fuerza emotiva emana y se sustenta en la certeza del testigo ocular que, con su testimonio, da cuenta simultáneamente de su presencia en el lugar de los hechos y, de sus pasiones y sufrimientos.

Consideraciones finales

En la primera de parte del capítulo, he mostrado el modo en que los locutores-testimoniantes de la tragedia de Cromañón utilizan las estructuras elevadas y las no elevadas con el verbo *ver* para, en tanto testigos oculares, describir lo que vieron la noche de la tragedia. Con la enunciación de estos recursos, los sobrevivientes y los padres de las víctimas presentan las pruebas de verosimilitud y certeza sobre las que debe basarse cualquier testimonio. Dicho de otro modo, gracias a la enunciación de estos recursos, administran la circulación de un determinado saber –lo que vieron, lo que no vieron– y, por lo tanto, configuran el punto de vista cognoscitivo de la enunciación.

Pero como he señalado antes, el acto de percibir despliega en la enunciación descriptiva, además de la cognoscitiva, otra dimensión: la pasional. Es así que con determinadas restricciones gramaticales y contextuales, algunas de las estructuras no elevadas que ocurren como simples estrategias de percepción, se convierten en evidenciales directos de acceso sensorial, aptos para reflejar la enunciación afectiva o pasional. Así, el verbo *ver* cambia de significado por el de "darse cuenta" y entonces habilita la emergencia de un cuerpo percibiente que, si bien no deja literalmente de percibir, se transforma además en un cuerpo "sufriente". En conclusión, con este tipo de recursos evidenciales, la enunciación pone en escena la experiencia sensible del propio cuerpo que, al "darse cuenta" de algún evento que lo afecta, se transforma en un ser de pasión.

Existe finalmente, una última ocurrencia del verbo *ver*, el ítem *veo*, (performativo judicativo semejante al evidencial directo sensorial *encuentro*) con cuya enunciación la subjetividad se muestra mediada a través del juicio del locutor.

En la segunda parte de este capítulo, me he dedicado a analizar el modo en que los locutores-testimoniantes utilizan el evidencial directo de acceso sensorial *mirá*, para lo cual he explicitado los recursos enunciativos que acompañan a la enunciación de cada una de las distintas ocurrencias: las expresiones somáticas, la aspectualidad y el ritmo para *mirá 2*; la modalización y las escenas típicas para *mirá 3*.

Finalmente, todos estos marcadores de evidencialidad directa resultan un recurso propicio para producir en el discurso, por un lado, "efectos de verdad", del "creer-verdadero", efectos que, según H. Parret, (1995*b*:37) deben instalarse "en los dos extremos del canal de comunicación y debe suponerse que el enunciador y el receptor de la enunciación (enunciatario) son dos cómplices cuyo entendimiento descansa sobre un contrato de veridicción". Pero por otro lado, estos mismos recursos codifican la fuerza emotiva que, según H. Parret, es independiente de todos los contenidos a expresar, puesto que la emoción no es un contenido expresado tan solo mediante recursos a nivel de enunciado sino que, en realidad, es un operador que modifica todos los contenidos, aun aquellos expresados en aserciones o en frases declarativas. Se puede, por lo tanto, recuperar al "hombre de pasión en su discurso", considerando la emoción como un operador de fuerza de la enunciación pasional.

Capítulo 5

LAS NARRATIVAS JUDICIALES DE CROMAÑÓN

En este capítulo doy cuenta del modo en el que los locutores de las narrativas judiciales de Cromañón mediante la enunciación del adverbio evidencial evidentemente intentan lograr la adhesión del interlocutor, no solo desde la persuasión constituida en la dimensión cognoscitiva, sino desde la manipulación emocional entendida como la conmoción emanada de la dimensión pasional.

En primer lugar, defino el concepto de manipulación en los términos de A. J. Greimas y J. Fontanille [1994], (2002) como el esfuerzo de un destinador que intenta que el destinatario de su mensaje, a pesar de que no acepta el contrato comunicativo de manera espontánea, lo acepte de todos modos. Luego, contrapongo las características discursivas de las dos ocurrencias del adverbio evidentemente en las narrativas judiciales: como evidencial indirecto de inferencia y como evidencial directo sensorial. Finalmente, echo luz sobre el modo en que estas dos ocurrencias de evidentemente, la directa y la indirecta, son utilizadas por la diputada Estenssoro en su alocución en la Comisión de la Legislatura, por José Luis Calvo, funcionario del gobierno, en su defensa ante la acusación de un grupo de padres por el ineficiente funcionamiento del operativo de reconocimiento de los cuerpos de los fallecidos en el cementerio de la Chacarita y por Arturo García, padre de una de las víctimas de Cromañón, en su alocución en la Comisión de la Legislatura Porteña.

Compruebo que con la enunciación de evidentemente como evidencial indirecto inferencial el locutor de las narrativas judiciales convence con la razón y no con la pasión. Por el contrario, con la enunciación de evidentemente directo sensorial, el locutor presenta su decir como evidente y fuera de toda discusión, pero es en realidad, mostrando el propio sufrimiento, como compele al alocutario a aceptar las pruebas sin dudar, es decir que, evidentemente como evidencial directo de acceso sensorial resulta parte de una estrategia manipulatoria que se constituye como una operación pasional más que racional.

La pasión como manipulación afectiva

Introducción

En toda enunciación, los interlocutores –destinador y destinatario– establecen un pacto comunicativo en el que intercambian saberes y negocian sobre el valor de los objetos intercambiados. Cuando la comunicación es fluida, es lógico que el destinatario acepte libremente el contrato propuesto por el locutor, pero si no es así, el destinador debe conseguir de todos modos que el destinatario "haga". Esta necesidad de "hacer hacer" no es otra cosa que la llamada "manipulación" y puede adoptar cuatro posibilidades, lexicalizadas de la siguiente manera (Greimas y Fontanille [1994], 2002):

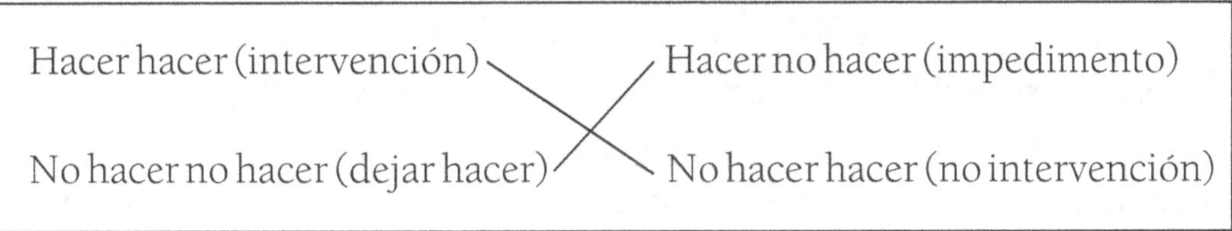

Las "narrativas judiciales" del caso Cromañón que analizo en este capítulo, concretamente, una denuncia judicial, un auto de procesamiento y algunas de las alocuciones pronunciadas por los diputados y por los padres de las víctimas durante las sesiones de la Comisión de la Legislatura Porteña, reflejan precisamente este contrato fiduciario entre un locutor que intenta persuadir a su interlocutor, cuyo hacer interpretativo aparece configurado y manipulado en el discurso mismo. Como señala S. Frutos (2004:8):

> El discurso jurídico se construye sobre un complejo cognitivo que sirve de soporte a la modalización específica, modalización que posee una fuerza tal que establece un contrato cognitivo. Por ello, el discurso jurídico no solamente es el lugar de transmisión de una información (ejemplo sobre una decisión judicial) sino también de una transformación.

Es precisamente de esta transformación de la que doy cuenta en los apartados siguientes al intentar describir los recursos con los cuales los locutores de las narrativas judiciales persuaden y manipulan a sus interlocutores.

Además de los verbos de percepción y de los marcadores de evidencialidad directa de acceso sensorial analizados en los capítulos anteriores (*encuentro, veo, mirá*), existen otros recursos evidenciales con los cuales el locutor puede reforzar su enunciación y mostrar un compromiso explícito frente a la información que trasmite su enunciado, o bien puede distanciarse y señalar precaución epistemológica. A estos recursos, entre los que se encuentra el adverbio evidencial *evidentemente*, se los ha denominado de manera general reforzadores o intensificadores (*boosters*) y atenuadores (*hedges*).[22] Estos recursos evidenciales no solo señalan el modo en que se ha obtenido el conocimiento, sino que además codifican el grado de certeza del locutor con respecto a la verdad del enunciado. Así, si la fuente de conocimiento es directa, el compromiso del locutor con la verdad del enunciado es explícito; de hecho, en la mayoría de las lenguas indoeuropeas, el conocimiento más seguro y que no presenta ningún tipo de dudas es el que se asocia con la información que el hablante ha comprobado "con sus propios ojos". Por el contrario, si la fuente es indirecta, es decir, si el conocimiento proviene de inferencias o de testimonios verbales de terceros, los recursos evidenciales señalan distanciamiento y prudencia epistemológica con respecto a la verdad de la proposición.

Concretamente, voy a trabajar en este capítulo con el adverbio evidencial *evidentemente* utilizado no solo como una estrategia persuasiva de un locutor racional que intenta que el destinatario acepte y reconozca "la verdad" de los hechos, sino como una estrategia manipulatoria esgrimida por un "ser de pasión". En otras palabras, con la enunciación de *evidentemente* los locutores de estas "narrativas judiciales" intentan lograr la adhesión del interlocutor, no

---

[22] Para M. Marcos Sánchez (2004:1863), por ejemplo, los verbos de percepción funcionan como estrategias evidenciales de intensificación. Por su parte, para A. M. Barrenechea (1979:45-49), la construcción verbal *"encuentro que"*, *"no encuentro que"* es uno de los recursos, entre otros verbales y adverbiales (*posiblemente, probablemente, tal vez, quizás*), que suspenden la aserción e indican la falta de responsabilidad del hablante frente a su juicio. Sin embargo, esta autora intuye la dificultad de análisis de toda una serie de verbos de opinión (*creo, entiendo, pienso, encuentro, considero, comprendo, observo, lo veo así*, etc.) que pueden ir "desde la expresión de la duda hasta la de la simple cortesía, pero avanzan aun más y pueden figurar en mensajes enfatizadores de la afirmación cuando el hablante refuerza su punto de vista, apoyándose en la seguridad que tiene en su criterio personal para emitir los juicios".

solo desde la persuasión constituida en la dimensión cognoscitiva (*evidentemente* como evidencial sensorial de inferencia), sino desde la manipulación emocional entendida como la conmoción emanada desde la dimensión pasional (*evidentemente* como evidencial directo sensorial).

Evidentemente como evidencial indirecto de inferencia

Como surge del siguiente fragmento, el evidencial *evidentemente* aparece en dos oportunidades en los dos párrafos señalados con bastardilla y con funciones diferentes. Se trata de un auto de procesamiento fechado el 8 de marzo de 2005 para resolver en la causa N° 247/05 del registro del Juzgado Nacional en lo Criminal de Instrucción N° 1, Secretaría N° 105 respecto de la situación procesal de Diego Marcelo Argañaraz, Rául Alcides Villarreal y Lorenzo Fredy Bussi. Me interesa en especial la parte referida a Villarreal a quien se acusa "como hombre de confianza de Chabán, como así también de autoridad del local" de "la muerte de aquellas 193 personas que surgen de los listados remitidos por la morgue judicial y que obran en legajo por separado y diversas lesiones a varios centenares más, que a la fecha no se determinaron con precisión".

El documento consta de 69 fojas de las cuales presento solo ciertos fragmentos que me interesan particularmente para el análisis del adverbio evidencial *evidentemente*:

A) <u>**SITUACIÓN PROCESAL DE RAÚL ALCIDES VILLARREAL:**</u>

Luego de analizar y valorar todos y cada uno de los elementos agregados a las actuaciones, entiendo que se han reunido en autos las probanzas de cargo suficientes como para sostener, al menos "prima facie", que RAÚL ALCIDES VILLARREAL ha tenido una participación en los hechos por los que se dictara el procesamiento de OMAR EMIR CHABÁN y que, en tal sentido, se tuvieran por probados en aquel auto de mérito.-

Este acápite será dedicado a demostrar por qué sostengo la hipótesis de la existencia de responsabilidad de VILLARREAL en los sucesos bajo estudio.-

Veamos.-

Como punto de partida, como línea basal a partir de la cual puede comenzar a edificarse esa hipótesis de responsabilidad, debe tomarse la actuación que le cabía al imputado dentro del "Proyecto Cromañón". Debemos preguntarnos cuál era su relación con ese emprendimiento comercial y específicamente con CHABÁN; cuáles eran las responsabilidades y funciones que, bien por delegación de aquél o bien por propia iniciativa, tenía a su cargo el imputado y, finalmente, lo más importante, cómo ejercía esas funciones y si en el marco de ellas tenía un cierto dominio de la situación que permita reprocharle acciones y/u omisiones (sean propias o sean en modo de partícipe de las ajenas) que contribuyeron al fatal desenlace.

-Volviendo entonces sobre el presupuesto básico del que hemos partido, son sobrados los elementos que nos permiten visualizar un VILLARREAL activo, interiorizado en el negocio, con absoluto conocimiento sobre la organización del mismo, su giro comercial y dinámica en cada evento que se llevaba a cabo. Activo en la forma en que se diagramaba cada recital a punto de que BUSSI graficaba "Sin VILLARREAL no pasa nadie". Y con un importante grado de independencia en lo que a decisiones sobre el funcionamiento del local respecta. A partir de los numerosos testimonios recolectados y otras tantas probanzas que luego se mencionarán se puede edificar la imagen de un sujeto que, lejos de asumir el rol de simple empleado y/o colaborador, tenía una activa participación en el "negocio", a punto de haberse convertido en la verdadera "mano derecha" de OMAR CHABÁN.-

[…]

Pero comencemos por el principio. Como hombre de confianza de CHABÁN, como la persona que manejaba su negocio en ausencia de éste y que incluso tomaba decisiones autónomas sin consultarlo: ¿podía VILLARREAL desconocer que la habilitación del local estaba extendida para tan sólo 1031 personas y que, en contraste a ello, en ese sitio se convocaron la noche de los hechos, al menos, 2811 personas?.-

La respuesta a ese interrogante no puede ser más que negativa. Él participaba de las reuniones que aquél tenía con las bandas, incluso las contactaba él mismo y, en esos términos, se acordaban las entradas que se venderían. Además, su tan remanida experiencia que, según sus propios dichos se traduce en 20 años en el rubro, no le podía pasar inadvertida ante sus ojos un lugar que, por dichos de varios de los asistentes, se hallaba "colmado" o "sobrepoblado".-

Pero lo importante aquí es preguntarse: ¿dependía de VILLARREAL decidir cuántas entradas se venderían y/o, en su caso, podía éste oponerse a una inadecuada sobrepoblación del local? Entiendo que, sino exclusivamente, sí participaba de ese tipo de decisiones.-

[…]

Tampoco puede aducir que no sabía que varios de los matafuegos estaban despresurizados y/o vencidos y que el certificado contra incendio expedido por la Superintendencia Federal de Bomberos tampoco tenía vigencia y, por ende, el local no se encontraba en condiciones de funcionar.-

Pero además de la responsabilidad que le cabe porque la única puerta de emergencia estaba cerrada, porque la habilitación del lugar no estaban al día y porque los matafuegos no estaban todos en condiciones, no puede dejar de tenerse en cuenta que, con la independencia de decisiones que tenía y encontrándose en el lugar de los hechos, no hizo absolutamente nada para facilitar el egreso de los concurrentes una vez acaecido el siniestro.

Siendo la persona que tenía un importante manejo de todas las cosas del local, más allá que haya sido CHABÁN quien ordenó cerrar la puerta, pudo y debió arbitrar los medios necesarios para procurar su apertura o, al menos, intentar organizar la salida por las otras puertas.-

Lógicamente, cabe efectuar las mismas apreciaciones en cuanto al deficiente planteo de seguridad y al cacheo comprobadamente ineficaz. VILLARREAL, como una de las personas más importantes en lo que a organización del evento se refiere no puede ser, obviamente, considerado ajeno.-

De suma importancia resulta este punto, en virtud de que no puede olvidarse que lo que provocó el incendio fue la utilización de un elemento de pirotecnia en el interior del lugar, cuyo ingreso estaba prohibido.-

Ahora, si bien una de las principales cuestiones a dilucidar consiste en saber si el control de ingreso del público estaba a cargo de VILLARREAL o de LORENZO FREDY BUSSI —tema que se tratará más en profundidad en cuando se analice la situación de este último— lo cierto es que no puede dudarse que VILLARREAL como "mano derecha" de CHABÁN y habiendo testigos que lo indican incluso como jefe de seguridad del lugar, debió realizar lo necesario para que no ingrese pirotecnia a "REPÚBLICA CROMAÑÓN", más allá del trabajo que debía efectuar BUSSI y el resto de los empleados de control.-

[…]

Entonces, sea o no el jefe de seguridad de CHABÁN, lleve o no ese mote, <u>*evidentemente,*</u> *tenía amplia capacidad de acción en lo que al tema se refiere y, por ende, tuvo en sus manos la posibilidad (y la obligación) de que no ingresara pirotecnia, cuyo utilización está prohibida en lugares cerrados, máxime cuando conocía las condiciones combustibles del techo, que la puerta de emergencia estaba cerrada, que había más público del permitido y que en todos los recitales los concurrentes usan pirotecnia, habiéndose producido otros incendios con anterioridad.-*

Es que, como he venido sosteniendo a lo largo del presente, quizás cada una de esas condiciones deficientes no puede ser sólo atribuida a la propia mano de VILLARREAL, sea en un rol activo u omisivo. Pero de ninguna manera se puede pasar por alto que, dado el gran aporte –sea con su trabajo, presencia y/o condiciones personales– que el imputado hacía al negocio, no podía desconocer todas y cada una de esas circunstancias y participó en la configuración del hecho, cuyo resultado se le atribuye.-

No podía desconocerlas y <u>evidentemente</u> *sabía el riesgo que todas ellas entrañaban para los presentes. En otras palabras RAÚL ALCIDES VILLARREAL no podía desconocer que la puerta de emergencia estaba cerrada; no podía tampoco dejar de saber, al menos a partir de la experiencia en la materia que él mismo dice tener, que en ese sitio no podía ingresar más de 1.031 personas y, por ende, no se le podía "pasar por alto" que el local estaba colmado, sobrepasado en su capacidad y que, de acuerdo a esos extremos y a la particular y conocida afición a la pirotecnia que tenían los seguidores del grupo, podía avizorarse una catástrofe. Máxime si se tenía en cuenta que se trataba de un lugar cerrado, que poseía material combustible, que en el local, además, ya habían tenido lugar varios incendios y cuando CHABÁN antes de empezar los recitales avisaba por el micrófono que estaba prohibido el uso de pirotecnia, que se iba a incendiar el lugar y que se iban a morir todos porque no iban a poder salir.*

Es cierto que esas condiciones, o al menos la gran mayoría, no fueron impuestas por el imputado. Pero no lo es menos que él sí fue artífice de la más importante de ellas.

Avaló con su presencia, activa participación y capacidad organizativa el desarrollo de un espectáculo aún a pesar de la existencia y evidencia de todos esos riesgos, que él conocía a la perfección, sin importarle las consecuencias, que ya eran objetivamente previsibles.-

Entonces, si estaban dadas todas esas condiciones, si el riesgo se hacía evidente a sus ojos, su conducta ilícita finca, justamente, en haber desoído esas advertencias y haber hecho el aporte que le correspondía para que el espectáculo se llevase adelante de todos modos.-

Podría sostenerse, en esa línea argumental, que todos quienes prestaron algún tipo de servicio esa noche hicieron un relativo aporte y que, desde ese punto de vista, todos tendrían algún grado de responsabilidad y que el avance de la pesquisa lo determinará. Pero por el momento, si se leen con atención las enunciaciones que he venido formulando, pronto se concluirá que VILLARREAL no era un empleado más. No se limitaba a cumplir órdenes y llevar adelante una determinada y acotada tarea. Rendía cuentas, es cierto, pero tenía una autonomía y grado de participación en el negocio que lo colocan, a no dudarlo, en una posición de responsabilidad cierta con respecto a los hechos ocurridos aquella fatídica noche, que lo convierten en coautor.-

Sin dudas, desde esa posición que ocupaba, estaban a su alcance distintas medidas como para intentar evitar lo ocurrido. Y, si no fuese así, si él sabía que no tenía ni la autonomía ni el poder para corregir esas falencias, no debería haberlas avalado. Pero VILLARREAL, lejos de ello, no sólo las convalidó con su presencia y trabajo, las potenció y coadyuvó a la producción del resultado desde el momento que fue partícipe de la organización del espectáculo y de la convocatoria y permanencia del público en ese lugar en las adversas condiciones citadas.-

(Los párrafos en bastardilla y el subrayado son míos).

La primera ocurrencia del adverbio evidencial *evidentemente* que aparece en el fragmento anterior es la lectura inferencial, puesto que con su enunciación el locutor señala la inferencia a la que ha arribado: "Villarreal tenía amplia capacidad de acción en la organización del recital en el local bailable 'República Cromañón' la noche del 30 de diciembre de 2004":

> (2) Entonces, sea o no el jefe de seguridad de CHABÁN, lleve o no ese mote, *evidentemente*, tenía amplia capacidad de acción en lo que al tema se refiere…

En efecto, para arribar a esta inferencia el locutor ha debido repasar y sopesar todo lo que en su entorno cognitivo cuenta como "evidencia", es decir como prueba sobre la que basa su alegato contra Villarreal.

De un modo general, podemos definir la inferencia como el procedimiento mediante el cual se obtiene un enunciado sobre la base de otros. Dicho de otra manera, la inducción es el modo de conocimiento que permite arribar a una conclusión generalizadora –la inferencia– a partir de premisas particulares. Y *evidentemente* es un evidencial sensorial indirecto de inferencia puesto que es posible señalar en el contexto discursivo cercano dichas premisas, es decir, las pormenorizadas evidencias sobre las que el locutor de este texto construye la generalización "*[Villarreal]* evidentemente, *tenía amplia capacidad de acción en lo que al tema se refiere*". Efectivamente, la argumentación de este fragmento se organiza sobre la cuidada puesta en discurso de las pruebas que inculpan a Villarreal como uno de los responsables de la tragedia de aquella noche y que se focalizan en tres rubros:

a) Su relación con el emprendimiento comercial de Chabán;

b) las responsabilidades que Chabán le había delegado o las que el mismo Villarreal había adquirido por propia iniciativa y, lo más importante,

c) el modo en que ejercía sus funciones y el grado de dominio que tenía sobre ellas como para "reprocharle acciones y/u omisiones (sean propias o sean en modo de partícipe de las ajenas) que contribuyeron al fatal desenlace".

Por otra parte, el conector "entonces"[23] en "*Entonces, sea o no sea el jefe de seguridad de Chabán…*" refuerza la idea de razonamiento del locutor, cuya conclusión es "*evidentemente*, a partir de las evidencias con las que cuento, arribo a esta conclusión". En efecto, el locutor señala que ha sopesado todas las evidencias, las declaraciones de los testigos e, incluso, el hecho de que Villarreal no era oficialmente el jefe de seguridad de Chabán, a pesar de lo cual el resto de las pruebas lo inculpan de todos modos como uno de los responsables de los trágicos hechos.

Del mismo modo, la altura tonal de *evidentemente*, que podemos imaginar como algo más elevada que la del resto del enunciado, y la pausa que lo separa del resto de la figura tonal, orienta hacia las mismas conclusiones: la culpabilidad de Villarreal. Dicha prosodia, tal como indico en (2'), (2") y (2'''), se mantiene de igual modo en cualquiera de las posiciones que ocupe el adverbio:

> (2') *evidentemente*, tenía amplia capacidad de acción en lo que al tema se refiere…

> (2") tenía amplia capacidad de acción, *evidentemente*, en lo que al tema se refiere…

> (2''') tenía amplia capacidad de acción en lo que al tema se refiere…, *evidentemente*.

Podríamos decir, además, que en este ejemplo, las pruebas sobre las que se basa la inferencia no están "a la vista" en sentido estricto, sino más bien en el contexto cognitivo del locutor. En efecto, se trata de pruebas construidas discursivamente mediante un proceso inductivo que puede representarse como: "A la luz de x, y, z, resulta evidente que…" y que, por lo tanto, admiten como posibles paráfrasis del marcador "por lo visto":

> *Por las pruebas mencionadas / tal como se ve / por lo que acabo de decir*, [Villarreal] tenía amplia capacidad de acción en lo que al tema se refiere…

---

[23] Según el análisis de C. Borzi (2004:67) se trataría del caso de "entonces" como focalizador con unidad melódica propia. El criterio suprasegmental es otro criterio "del que puede valerse el hablante cuando quiere dar la interlocutor una pauta que le permita optar por la interpretación más adecuada".

Para finalizar, la voluntad del locutor de compartir las evidencias y de guiar al interlocutor hacia sus mismas inferencias hacen que este marcador esté orientado hacia el interlocutor, con el que el locutor intenta modular, en palabras de L. Merlini-Barbaresi "un acercamiento personal" y al que intenta inducir hacia sus mismas inferencias, es decir, a que arribe a sus mismas conclusiones (Merlini-Barbaresi, 1987:312).

Evidentemente como evidencial directo sensorial

La siguiente ocurrencia de *evidentemente*, en cambio, pierde la pausa entonativa y se encabalga con el enunciado siguiente con una prosodia en clave media, o sea con una altura relativa de la voz ni alta ni baja, con la cual el hablante nativo de español rioplatense predice, tal como he señalado en el Capítulo 2, una contraargumentación encabezada por el conector *pero*, llamado "pero virtual", porque puede ser evocado sin ser efectivamente enunciado por el locutor (Caldiz, 2004:415). Este rasgo entonativo es una marca de subjetividad que señala el grado de compromiso del locutor con respecto a la aserción "Villarreal sabía el riesgo de cada una de ellas (las evidencias) entrañaban para los presentes":

> (3) […] no podía desconocer todas y cada una de esas circunstancias y participó en la configuración del hecho, cuyo resultado se le atribuye. No podía desconocerlas y *evidentemente* sabía el riesgo que todas ellas entrañaban para los presentes.

En este contexto, además, *evidentemente* admite la catálisis de "que" y puede intercambiarse con marcadores del tipo de *obviamente* o *es obvio que*:

> (3)a. *Evidentemente que / obviamente que / es obvio que* sabía el riesgo que todas ellas entrañaban para los presentes… *pero / sin embargo…*

Y en el contexto discursivo cercano se encuentra la contraargumentación que entonativamente se marca con la enunciación del adverbio "*evidentemente*":

> *pero…*
> Avaló con su presencia, activa participación y capacidad organizativa el desarrollo de un espectáculo aún a pesar de la existencia y evidencia de todos esos riesgos, que él conocía a la perfección, <u>sin importarle las consecuencias,</u> que ya eran objetivamente previsibles.-

Por otra parte, a diferencia de la lectura inferencial, *evidentemente* solo ocupa la posición inicial del enunciado donde la entonación adquiere un papel preponderante, puesto que es en el adverbio donde se focaliza el refuerzo de la orientación argumentativa.

En conclusión, la enunciación de *evidentemente* como evidencial directo sensorial, acompañada de modo característico por una prosodia específica, introduce siempre una calificación subjetiva del locutor y señala su configuración polifónica: este marcador como evidencial directo de acceso sensorial pone en escena dos enunciadores con los que el L se identifica: E_1 que muestra que la información que transmite su enunciado está dentro de su campo perceptual, lo que lo habilita a mostrarse seguro de dicha información, y E_2, que reacciona emotivamente ante esos estímulos y con quien se identifica el locutor.

En lo que sigue me propongo explicitar el modo en el que el adverbio *evidentemente* como evidencial directo de acceso sensorial es utilizado en las narrativas judiciales como una estrategia pergeñada por un el locutor que al poner en primer plano las evidencias sobre las que basa su discurso, intenta, al igual que con la versión inferencial de *evidentemente*, persuadir al interlocutor de la verdad de su enunciado. Pero en este caso, este pacto veridictivo que entabla con el interlocutor no se sustenta solamente en la racionalidad de una "verdad" objetiva de la cual las evidencias son el principal sustento, sino que en realidad el marcador de evidencialidad directa sensorial *evidentemente* es uno de los recursos con los que el locutor modaliza su enunciado. Y es precisamente la configuración polifónica de este evidencial lo que le permite a este tipo especial de locutor devenir, de una figura racional que, a partir de las evidencias disponibles, construye discursivamente la verdad, en un ser pasional que sufre y padece con las evidencias de las que deber dar cuenta.

Analizo a continuación:

1) Uso de la palabra de la diputada Estenssoro en la Comisión de la Legislatura.

2) Testimonio de José Luis Calvo en el marco de una denuncia judicial de padres de Cromañón.

3) Uso de la palabra de Arturo García, padre de una de las víctimas de Cromañón, en la Comisión de la Legislatura.

La manipulación pasional

• *Uso de la palabra de la diputada Estenssoro en la Comisión de la Legislatura*

El siguiente ejemplo es la alocución pronunciada por una diputada en el marco de las discusiones llevadas a cabo por la Comisión de la Legislatura porteña, creada *ad hoc* por el Gobierno, para tratar todos los temas relacionados con la llamada tragedia de Cromañón. Es necesario señalar que el discurso de la diputada Estenssoro es una argumentación en contra del fallo judicial que otorgó la excarcelación a Omar Chabán, dueño del local bailable donde se produjo el incendio. Según la locutora, este hecho es una "provocación" judicial porque significó la excarcelación del que sería uno de los principales culpables pero, además, es también una provocación de carácter político porque, durante la marcha que organizaron los padres contra este fallo, un grupo de infiltrados intentó provocar disturbios.

Lunes 23. 14 y 30 horas: reunión de diputados en la Comisión de la Legislatura

Sra. Presidenta (Ferrero). —Sobre este tema, ¿algún otro diputado quiere hacer uso de la palabra?

Sra. Estenssoro. —Pido la palabra.
En el mismo sentido que el diputado Peña, yo vi con mucha angustia las imágenes de Tribunales el viernes a la tarde. Vi a padres que conozco y me imaginé el dolor, y entiendo por qué estaban irritados. También vi a gente que me parece que no eran familiares, ni sobrevivientes, sino que había infiltrados y gente que *evidentemente* no pertenecía a este grupo.
Me dio mucha pena que después de todo lo que vienen pasando desde el 30 de diciembre también sucediera eso. El sábado a la una, cuando fui a Tribunales a acompañarlos en el abrazo al edificio, realmente me conmovió ver con qué aplomo respondían a esa provocación, provocación tanto judicial como de grupos infiltrados en la protesta del viernes. La respuesta a eso fue mediante aplausos, cívicamente.

Realmente, fue una lección de civismo y de humanidad. La marcha desde Tribunales hasta Plaza de Mayo constituye una las cosas que van cimentando el aprendizaje de la democracia, que tanto nos cuesta y que lamentablemente lo aprendemos año tras año y década tras década, con tanto dolor. Quiero que sepan ustedes que con esa mesura, pero con esa firmeza a la vez, que ha hecho que probablemente se revierta esa excarcelación, todos los argentinos –no solamente ustedes– hemos aprendido a vivir más dentro del marco de la ley y del respeto en democracia. Muchas gracias.

(*Comisión investigadora-Cromañón del 20 de mayo de 2005*)
(La bastardilla y el subrayado son míos).

En el ejemplo (4), la locutora, con la enunciación de *evidentemente*, muestra como evidente, es decir como algo que todos pueden ver, la presencia de esos infiltrados, hecho que ella misma certifica con su presencia en el lugar de los hechos.

> (4) Había infiltrados y gente que *evidentemente* no pertenecía a este grupo.

En este sentido, el evidencial directo acepta la paráfrasis con "obviamente", "es obvio que" o, en este caso en particular, "claramente":

> (4) a. Había infiltrados y gente que *obviamente / es obvio que / claramente* no pertenecía a este grupo.

En efecto, que esas personas no pertenecían al grupo de padres, surge de la constatación *in situ* de la locutora que, sin embargo, en un primer momento atenúa su enunciación con "*me parece que no…*", pero luego introduce la palabra "infiltrados" para aludir a posibles grupos con determinados intereses políticos, es decir, ajenos al dolor de los familiares y sobrevivientes. Por otra parte, en toda la alocución, la figura de la locutora se asimila al punto de vista de un enunciador-observador que va describiendo pormenorizadamente su recorrido visual durante la marcha, de allí la profusión del verbo "ver", que certifica sus palabras dotándolas de credibilidad: "... *yo vi con mucha angustia las imágenes de Tribunales el viernes a la tarde. Vi a padres que conozco y me imaginé el dolor, y entiendo por qué estaban irritados. También vi a gente que me parece que no eran familiares, ni sobrevivientes...*", "... *realmente me conmovió ver con qué aplomo respondían a esa provocación...*".

Pero con la enunciación de "... *había infiltrados y gente que* evidentemente *no pertenecía a este grupo*", la locutora pone en discurso los dos polos de la experiencia: por un lado, transmite lo que percibe del mundo exterior, lo que ve y que por tal razón resulta "evidente"; pero por otro lado, esa misma percepción la contacta con sus sensaciones, es decir con su mundo interior.

Vemos entonces cómo el propio cuerpo –lo propioceptivo– se transforma en un lugar de confluencia entre lo exteroceptivo y lo interoceptivo (Dorra, 1999), generando una zona de confluencia o interfaz entre la percepción y la sensación, que es precisamente el espacio propicio para que se instale sutilmente la manipulación pasional.

Del mismo modo, mediante la deictización, el discurso ubica al locutor pasional del cual emana la orientación perceptiva, como la fuente percibiente, de allí que en el enunciado "... *los infiltrados* evidentemente *no pertenecían a este grupo*", "este" señala el lugar desde el cual la locutora proyecta la actividad perceptiva, es decir del lado de los padres, del sufrimiento, la angustia y la conmoción, en la que también queda incluida en un nosotros inclusivo en enunciados como "... *el aprendizaje de la democracia, que tanto* nos *cuesta y que lamentablemente lo* aprendemos *año tras año y década tras década, con tanto dolor...*" "... *todos los argentinos –no solamente ustedes–* hemos aprendido *a vivir más dentro del marco de la ley y del respeto en democracia*".

Finalmente, y como muestra de que cada cultura refleja y, a su vez, se constituye en sus propias combinaciones modales, la locutora destaca la actitud de aplomo, mesura y firmeza (modalización del "poder hacer" y sin embargo "no querer") con la que los padres y familiares de las víctimas respondieron a las provocaciones de los infiltrados. Este "poder" reaccionar de la misma manera que los "infiltrados", pero "no querer" hacerlo para diferenciarse de ellos, resulta, según la locutora, una lección de civismo y de humanidad que se corresponde con un comportamiento apropiado dentro del marco de la ley y de la democracia, valores muy apreciados para la sociedad argentina.

Por último, cabe señalar que si bien la prosodia de *evidentemente* directo sensorial en el ejemplo "...*sino que había infiltrados y gente que* <u>evidentemente</u>

no pertenecía a este grupo" debe ocurrir, tal como señalé antes, unida a la línea melódica del enunciado, la colocación, en cambio, no es en posición inicial, como señalé en otros ejemplos, sino intermedia. En efecto, con una entonación cercana a la interjección, el locutor refuerza el valor emotivo de este evidencial que se transforma en un *pathema* y que, orientado hacia la propia subjetividad del hablante, le permite al locutor mostrar sus pasiones. Pero el dialogismo constitutivo de toda enunciación provoca que esta "presentificación" (Parret, 1995*b*:41-42)) de la subjetividad no sea inocente, sino que sea parte de una estrategia manipulatoria mediante la cual el locutor intenta convencer al interlocutor de la verdad de su enunciado.

En el próximo apartado, explicito el comportamiento de *evidentemente* como evidencial de inferencia dentro de las narrativas judiciales de la causa de Cromañón para contraponerlo al sensorial directo que acabo de analizar. A decir verdad, intento contraponer en el corpus los dos posibles modos en que puede ser utilizado este evidencial: como estrategia de manipulación pasional, en el caso de la lectura directa sensorial y como prueba racional, en la ocurrencia inferencial.

• *Testimonio de José Luis Calvo en el marco de una denuncia judicial de padres de Cromañon*

La siguiente narrativa judicial, que reproduzco en forma incompleta, es una denuncia por falso testimonio, basada en las transcripción taquigráfica de las declaraciones "de los empleados y funcionarios en los operativos de coordinación de la emergencia, identificación y ubicación de las víctimas, reconocimiento de fallecidos, conservación y traslados de los cuerpos" durante una de las sesiones del mes de septiembre de 2005 de la Sala Acusadora de la Legislatura de la Ciudad de Buenos Aires. Los padres que formulan la denuncia cuestionan la actuación del personal encargado de dicha tarea en los días subsiguientes a la tragedia. Me interesa particularmente analizar el testimonio de José Luis Calvo, subsecretario de la Dirección General de Cementerios, encargado del operativo de identificación de los cuerpos por parte de los padres y familiares de las víctimas.[24]

---

[24] Disponible en: < http://www.quenoserepita.com.ar/introduccion_judiciales>.

FORMULAN DENUNCIA

Sr. Juez Nacional:

JOSÉ ANTONIO IGLESIAS, con domicilio real en Reconquista 715, 6° E y F de esta Ciudad de Buenos Aires, **BEATRIZ M. E. CAMPOS,** con domicilio real en Reconquista 715, 6° E y F de esta Ciudad de Buenos Aires, y **RICARDO DANIEL YANNI,** con domicilio real en Patrón 7189, 3° A, de la Ciudad de Buenos Aires, a V.S. nos presentamos y decimos:

1.
OBJETO

Que venimos a promover denuncia contra el Sres. **José Luis Calvo,** D.N.I. 13.411.841, con domicilio en Carlos Pellegrini 211, Ciudad de Buenos Aires, **Gonzalo Ruanova,** D.N.I. 26.315.518, con domicilio en Cochabamba 1571 Ciudad de Buenos Aires, **María de los Ángeles Suárez,** D.N.I. 16.225.891, con domicilio en Junín 521 Ciudad de Buenos Aires, y contra **Claudio Marcial Suárez,** con D.N.I. 18.205.495, con domicilio en Virrey Aviles 3060, PB 3, Ciudad de Buenos Aires, con el objeto de que se investigue la posible comisión del delito de falso testimonio tipificado en el Art. 275 del Código Penal de la República Argentina.

Que a efectos de precisar los hechos materia de investigación y de los cuales resulta la comisión del ilícito, dedicaré la relación que sigue.

2.
LAS DECLARACIONES

En el marco de la investigación realizada por la Comisión Investigadora de los de los hechos sucedidos el día 30 de diciembre de 2004 en el local República de Cromañón de la Sala Acusadora de la Legislatura de la Ciudad de Buenos Aires, todos los aquí denunciados, han declarado en carácter de testigos de los hechos sucedidos el día 31 de diciembre de 2004 y los días posteriores, en ocasión de la atención de las víctimas del incendio ocurrido en Cromañón.

Todas las declaraciones apuntan al cuestionamiento sobre la supuesta correcta actuación de los empleados y funcionarios en los operativos de coordinación de la emergencia, identificación y ubicación de las víctimas, reconocimiento de fallecidos, conservación y traslados de los cuerpos.

En ese contexto, el día ... de septiembre de 2005, declararon ante la referida Comisión Investigadora el Sr. José Luis Calvo en su carácter de Subsecretario de la Dirección General de Cementerios, y el Sr. Claudio Suárez, en su carácter de ex Director de Políticas de Seguridad y Prevención del Delito de la Ciudad de Buenos Aires. Asimismo, el día 27 de septiembre de 2005, declararon el Sr. Gonzalo Ruanova, en su carácter de ex Director General Adjunto del Cuerpo de Emergencia en la Vía Pública (CEVIP) y la Sra. María de los Ángeles Suárez, en su carácter de Directora General del Centro de Gestión y Participación Nº 2 Sur.

Seguidamente, se transcriben las partes pertinentes de las declaraciones (según su versión taquigráfica) realizadas durante las sesiones de la Legislatura de la Ciudad de Buenos Aires, cuya falsedad justifican la presente denuncia.

2.1.
Testimonio del Sr. José Luis Calvo sobre hechos sucedidos en el Cementerio de Chacarita

- "Entonces, la situación es que había una previa identificación: los familiares pasaban por la Dirección General y eran atendidos en puestos con pantallas. En el momento más álgido del día 31 de diciembre, llegamos a tener ocho puestos: una persona manejaba el tema de las fotografías y un psicólogo o asistente social acompañaba a familiares ante la posibilidad de alguna dificultad que pudiera producirse en ese momento".

- Consistieron en la recepción de los familiares en la Dirección General; en ayudar a una identificación previa, como ya comenté y, en la medida de lo posible, por recomendación de nuestro gabinete social, que funciona en el cementerio, en acompañarlos en el reconocimiento del cadáver propiamente dicho. Nosotros tenemos un gabinete social, que trabaja todos los días —reitero—, constantemente con el tema de la muerte y la dificultad de familiares de poder asumir o transitar ese momento de alguna manera. Lo que la gente que trabaja en el gabinete social, lo que recomendó como política era, básicamente, acompañar a todos los familiares, amigos y conocidos que vinieran a preguntar y a querer saber por alguien a quien no encontraban.

A la pregunta del Diputado San Martino sobre si el olor que había en las cámaras era tolerable y a qué obedecía, respondió: *"Lo que quiero tratar de decir es que una persona que no está acostumbrada a estar en un lugar cerrado como ese no puede tolerar el olor que hay en un sitio así. Para ser claros y específicos, cuando usted va a una galería de nichos a visitar algún familiar –si es que alguna vez ha concurrido a una galería de nichos– hay un olor particular por las flores o por algunas otras condiciones del lugar. El olor que yo digo –y esto lo quiero dejar en claro– no era a putrefacción, no estamos hablando de eso. <u>Evidentemente</u> la cámara de frío lo que hace es, si bien no detiene, sí relentiza en forma importante ese proceso. Lo que digo que es un olor al cual uno no está habituado. Además –no quisiera hablar de esto–, pero estamos hablando de 40, 80 ó 90 cadáveres y ese es el olor al que estoy describiendo.*

- Nosotros recibíamos a los familiares en la Dirección General. Luego eran identificados a través de esas fotos. Si esas fotos no identificaban a la persona que buscaban, de hecho no estaban en el cementerio de la Chacarita. Si les parecía poder identificarlos a través de esa fotografía venían hacia la cámara. Podía ser o no podía ser la persona que estaban buscando... Hubo una atención. Nosotros atendimos... Se llenaba un formulario, con la fotografía que creía percibirse una probable identificación y con esa fotografía que tenía un número de cadáver relacionado, se iba a la cámara".

- A la pregunta del Diputado San Martino sobre si hubo algún reclamo con este operativo de parte de los padres que recibió, respondió que sí, "Uno a través de una confusión. Uno, específicamente, yo cuando estaba trabajando en la cámara. Hubo una confusión de dónde estaba un cadáver. Al padre se le había informado que estaba en cementerio de la Chacarita y allí no estaba. Esa situación la resolvieron las autoridades policiales en el término de dos horas cuando pudieron ubicar el cadáver que se estaba buscando, que no estaba en el Cementerio de la Chacarita sino que estaba en la morgue judicial".

(La bastardilla y el subrayado son míos).

La ocurrencia de *evidentemente* que quiero analizar se produce en el contexto discursivo de la respuesta de José Luis Calvo ante la pregunta del diputado San Martino sobre la causa y el grado de intensidad del olor que emanaba de las cámaras de frío donde se hallaban los cadáveres de las víctimas.

La estrategia discursiva de este texto consiste en presentar un discurso cuidadosamente estructurado con el que el locutor intenta avalar el modo en que, bajo su supervisión, se organizó el reconocimiento de los cuerpos. Dicho de otro modo, se trata de una argumentación que intenta probar una "verdad": que dicho reconocimiento, como así también la conservación y el traslado de los cuerpos de los fallecidos, fue una empresa bien organizada, tomando en cuenta el marco de emergencia propio de la trágica situación. Es lógico entonces que esta "demostración de verdad" por parte de un locutor con una importante carga de responsabilidad sobre los hechos y a quien, además, se está acusando de falso testimonio, se apoye en determinadas evidencias empíricas. Pero veamos de qué modo la manipulación pasional se abre lugar dentro del testimonio.

El adverbio *evidentemente* funciona en "<u>Evidentemente</u> *la cámara de frío lo que hace es, si bien no detiene, sí relentiza en forma importante ese proceso*" como un evidencial directo de acceso sensorial que refuerza la aserción porque equivale a "efectivamente", "tal como puede comprobarse".

> (5) *Evidentemente* la cámara de frío lo que hace es, sin bien no detiene, sí relentiza en forma importante ese proceso.

> (5') *Efectivamente, tal como puede comprobarse*, la cámara de frío lo que Hace es, si bien no detiene, sí relentiza en forma importante ese proceso.

Pero sucede que a lo que se está aludiendo, lo que se señala como evidente es el olor de los de 40, 80, 90 cadáveres de los jóvenes muertos, acumulados en las cámaras de frío del cementerio de la Chacarita. Esta evidencia es lo que hace difícil no solo la adecuación del tono del discurso, sino la referencia misma a aquello que resulta evidente para todos: los hijos son cadáveres, están muertos y, a la esperanza de alguna equivocación que los traiga de vuelta, se le opone la contundente evidencia del olor a muerte. Es por ello que el discurso refleja la tensión entre la necesidad de mostrar la verdad incontrastable de las evidencias mediante secuencias explicativas llanas y directas *"Lo que quiero tratar de decir…"*, *"Para ser claros y específicos…"*, *"… y esto lo quiero dejar en claro…"* y la necesidad de acallar mediante estrategias de reticencia, *"no quisiera hablar de esto"*, determinados detalles de las mismas evidencias con la finalidad de atenuar los detalles escabrosos que pueden ir en contra de la eficacia persuasiva de la argumentación.

> (5") A la pregunta del Diputado San Martino sobre si el olor que había en las cámaras era tolerable y a qué obedecía, respondió: *"El olor que yo digo –y esto lo quiero dejar en claro– no era a putrefacción, no estamos hablando de eso. <u>Evidentemente</u> la cámara de frío lo que hace es, si bien no detiene, sí relentiza en forma importante ese proceso. Lo que digo que es un olor al cual uno no está habituado. Además –no quisiera hablar de esto–, pero estamos hablando de 40, 80 ó 90 cadáveres y ese es el olor al que estoy describiendo.*

En efecto, de esa tensión entre lo que se puede decir y de lo que es necesario callar, se instaura la manipulación de un locutor pasional que con *evidentemente* refuerza la aserción "[*la cámara*] *sí relentiza en forma importante ese proceso* [*de putrefacción de los cuerpos*]".

Pero resulta interesante analizar la negación metalingüística[25] presente en (5) a. y la posterior afirmación enfática en (5) b.:

> (5) a. El olor que yo digo –y esto lo quiero dejar en claro– <u>no era a putrefacción</u>, no estamos hablando de eso.

> (5) b. *Evidentemente* la cámara de frío *si bien no* detiene, <u>sí relentiza</u> el proceso de putrefacción.

Tal como expuse en el Capítulo 1, para O. Ducrot la negación es siempre polifónica puesto que detrás de todo enunciado negativo hay dos puntos de

---

[25] En el Capítulo 1 he explicado que según O. Ducrot (1984), existen tres tipos de negaciones, la descriptiva, la polémica y la metalingüística. La primera sirve "para representar un estado de cosas, sin que su autor presente su habla como opuesta a un discurso adverso" (*idem*:221). La negación polémica, por su parte, opone los puntos de vista de dos enunciadores puestos en escena por un mismo locutor, mientras que la metalingüística, tal como indica M. M. García Negroni (1998b) descalifica el espacio o el marco discursivo evocado por la enunciación.

vista contrapuestos; así en *"la cámara de frío no detiene el proceso de putrefac-ción"* hay un enunciador E_1 que sostiene el punto de vista afirmativo *"la cámara de frío detiene el proceso de putrefacción"* y un E_2 que sostiene el punto de vista negativo *"la cámara de frío no detiene el proceso de putrefacción"* y al cual se asimila el locutor:

> La cámara de frío [no detiene el proceso de putrefacción].
> > E_1: La cámara de frío detiene el proceso.
> > E_2: La cámara de frío **no** detiene el proceso.

Por el contrario, detrás de un enunciado afirmativo no subyace en la misma medida uno negativo. En palabras del propio O. Ducrot (1984:220): "… la afirmación está presente en la negación de una manera más fundamental de lo que la negación está presente en la afirmación". Sin embargo, acompañado de una prosodia particular, podríamos afirmar que en el enunciado *"Claro que es inteligente"* (con prominencia tonal sobre "claro"), subyacen también dos puntos de vista, contrapuestos: E_1 que sostiene el punto de vista negativo "no es inteligente" y E_2 con el que se asimila el L, que se opone al punto de vista anterior y sostiene, "es inteligente" (Caldiz,2008).

> Claro que es inteligente.
> > E_1: **No** es inteligente.
> > E_2: Es inteligente.

Volviendo al ejemplo (4) b., dado que se trata de una afirmación enfática, detrás de *"sí relentiza en forma importante ese proceso"* subyace el enunciado negativo *"no relentiza"* o, al menos, no relentiza lo suficiente, de allí el olor que, si bien no era olor a putrefacción, en todo caso era olor a muerte.

> Sí relentiza en forma importante el proceso.
> > E_1: **No** relentiza en forma importante el proceso.
> > E_2: Sí lo relentiza.

Es por esa razón que con *evidentemente*, el locutor modaliza su enunciación reforzando el punto de vista positivo de su discurso *"la cámara **sí** relentiza en forma importante ese proceso [la descomposición de los cuerpos]"* como un modo de acallar el otro punto de vista, el negativo en este caso, que subyace al mismo enunciado y que remite a la otra evidencia, la del olor de los cuerpos muertos de los seres queridos, prueba irrefutable de la pérdida afectiva. Entonces, el evidencial directo *evidentemente* refuerza el enunciado rectificativo de la negación metalingüística:

> No era olor a putrefacción, sino olor a muerte.

Queda claro, entonces, que el locutor de este testimonio –José Luis Calvo– intenta que los interlocutores (jueces, padres y opinión pública) acepten las pruebas de su inocencia frente a la denuncia de mal desempeño en la organización del reconociendo de los cuerpos de los fallecidos en la tragedia. Pero también queda claro que la intención persuasiva de su discurso no radica simplemente en presentar pruebas racionales que avalen su inocencia, sino que mediante la enunciación del evidencial directo de acceso sensorial *evidentemente* monta discursivamente una estrategia manipulatoria que se constituye como una operación pasional más que racional.

La persuasión racional

• *Uso de la palabra de Arturo García, padre de una de las víctimas de Cromañón, en la Comisión de la Legislatura*

Para ejemplificar el funcionamiento de *evidentemente* como evidencial indirecto de inferencia dentro de las narrativas judiciales y con la intención de comparar el modo en que el locutor intenta en este caso convencer mediante recursos exclusivamente racionales e inductivos (y no pasionales como con el evidencial directo sensorial) analizo a continuación la alocución de Arturo García, padre de unas de las víctimas. Este documento pertenece a la misma reunión de la Comisión de la Legislatura Porteña que el de la diputada Estenssoro, analizado más arriba. En esta oportunidad, se alude también a la marcha realizada en contra del fallo que intentó dejar a Chabán en libertad, y a la decisión de los padres de no permitir que se avasallaran sus derechos en la lucha contra la impunidad.

Sr. García. —Buenas tardes. Mi nombre es Arturo García, soy papá de Matías. Es la primera vez que me encuentro en este tipo de reuniones. Más allá de lo que cada uno de los papás puede describir o decir, y de lo que cada uno sienta en forma individual, como ustedes sabrán, cada uno de nosotros tiene una forma distinta de reaccionar ante el dolor. Algunos lloramos, otros rompemos, otros no decimos nada, otros nos la tragamos, y así manifestamos nuestro dolor.

Quiero reivindicar algo: en primer lugar, la solidaridad del público en general, que se nos fue adhiriendo en forma espontánea mientras marchábamos el sábado. En segundo lugar, nuestro corazón y nuestro sentimiento está en este momento con Mariana Márquez, porque está ofrendando su vida por su hija. Porque esto es así. Desde que su hija falleció, ella se descuidó con su enfermedad y en este momento la enfermedad la está carcomiendo. En tercer lugar, quiero enumerar y decir que en la medida en que veamos, no ya que avasallen nuestros derechos, porque los que pasamos los 50 años ya demasiadas muestras y ejemplos tenemos de que nos han avasallado las veces que se lo propusieron. Pero esta vez nos tocaron algo muy íntimo; nos vaciaron por dentro, nos dejaron sin nuestros hijos.

No vamos a entregar a nuestros hijos; no pensamos entregar a nuestros hijos a la impunidad. Porque la experiencia del viernes pasado nos demostró lo que dice el saber popular: el rico está afuera y el ladrón de gallinas, adentro. Desgraciadamente, con todos los vericuetos de la justicia, sucede eso. Siempre es así: el rico está afuera y el ladrón de gallinas o de garrafas está adentro.

No vamos a permitir que nos avasallen más en nombre de nuestros hijos. No importa quién sea, el nombre que tenga, ni la institución a la que represente. Simplemente, no lo vamos a permitir. No sabemos los medios o las formas que vamos a utilizar. Los que decimos que somos tranquilos, el viernes reaccionamos porque estábamos indignados. Tienen que saber que cuando decidan algo sobre Cromañón o sobre la vida de nuestros hijos pueden provocar reacciones que ni nosotros esperamos. Ni nosotros esperábamos la reacción que tuvimos. Vamos a reaccionar y a defender a nuestros hijos; vamos a defender a los pibes y a los que sobrevivieron, que también están sufriendo.

La impresión que me queda desde el viernes es que las disputas internas –porque este fallo que pretendió dejar en libertad a Chabán es un problema interno de la justicia– no nos tienen que tocar.

Evidentemente, hay dos corrientes, doctrinas o modos dentro de la justicia –no sé cómo llamarla. Soy lego en la materia y no me interesa saberlo. Se habla de los jueces garantistas y parece que los otros no lo son; parece que hay dos o tres garantistas y que los otros no dan garantías. La paradoja es que los garantistas dejan a los asesinos en la calle y los que no dan garantías, los dejan adentro. Hay algo que la gente común como nosotros no entiende: de qué manera se manejan las cosas.

Es evidente que lo que sucedió el viernes –más allá de que yo piense que fue una estrategia para tantear el terreno y ver qué hacíamos–, demuestra que la justicia tiene un problema interno. Pero que no nos lo transfieran a nosotros; que lo resuelvan adentro de la justicia, entre los jueces. _Es evidente que_ el problema existe. Las doctrinas están y hay divisiones en los criterios.

Para terminar, me pregunto ¿los jueces y los que tienen el deber de controlarlos qué esperan que hagamos ante una cosa así? A nosotros nos interesa lo que los jueces dicen a través de sus dictámenes y fallos y no los fundamentos falsos y hasta infantiles que utilizaron los dos jueces para dejar en libertad a Chabán. Los jueces dicen que opinan a través de sus dictámenes –por supuesto, estos jueces ya opinaron–, pero dan su opinión personal y no administran justicia. Lo que esperamos de ellos es que administren justicia y no que nos den su opinión personal ni las doctrinas en las que creen. Reitero: sólo esperamos que administren justicia y que no que traten de imponer una doctrina que aparentemente está de moda.

No nos pretendan avasallar porque no lo vamos a permitir. Gracias. _(Aplausos)_

(Comisión Investigadora - Cromañón del 20 de mayo de 2005)
(Las bastardillas y el subrayado son míos).

Como surge del documento, *evidentemente* señala la presencia de aquello que es "evidente", es decir que cuenta como una evidencia y que justifica la inferencia por la cual el locutor concluye que el fallo que intentó dejar en libertad al dueño del local bailable República de Cromañón, Omar Chabán, es un problema interno de la justicia.

> (6) *Evidentemente*, hay dos corrientes, doctrinas o modos dentro de la justicia —no sé cómo llamarla. Soy lego en la materia y no me interesa saberlo. Se habla de los jueces garantistas y parece que los otros no lo son; parece que hay dos o tres garantistas y que los otros no dan garantías. La paradoja es que los garantistas dejan a los asesinos en la calle y los que no dan garantías, los dejan adentro. Hay algo que la gente común como nosotros no entiende: de qué manera se manejan las cosas.

La evidencia sobre las que el locutor de (6) construye la generalización es "*hay dos corrientes, doctrinas o modos dentro de la justicia*". En efecto, con modalizadores del tipo "*se habla de*", "*parece que*", "*parece que hay*" se alude a dichas evidencias como inciertas y confusas, al menos para el común de la gente que no entiende el funcionamiento de la justicia:

> (7) *Se habla de* los jueces garantistas y *parece que* los otros no lo son; *parece que hay* dos o tres garantistas y que los otros no dan garantías. La paradoja es que los garantistas dejan a los asesinos en la calle y los que no dan garantías, los dejan adentro. Hay algo que la gente común como nosotros no entiende: de qué manera se manejan las cosas.

En tanto lego en la materia, mediante la frase impersonal "*se habla de*", el locutor se muestra precavido y se distancia de su enunciado aludiendo a la problemática que resume como la lucha entre jueces que dan garantías, pero que paradójicamente "*dejan a los asesinos en la calle*" y los jueces que si bien no dan garantías, "*los dejan adentro*". De este modo, el locutor delega en una voz impersonal y, entonces, altamente objetiva, las evidencias sobre las que basa su inferencia "*hay dos modos de hacer justicia*" con la cual no se hace responsable de la crítica velada hacia una dicotomía que parece contradictoria con la definición misma de "justicia". Sin embargo, para que sea posible enunciar *"evidentemente"* y la inferencia adquiera estatus veritativo, deben aparecer en el contexto discursivo dichas evidencias:

> (8) *Es evidente que* lo que sucedió el viernes –más allá de que yo piense que fue una estrategia para tantear el terreno y ver qué hacíamos–, demuestra que la justicia tiene un problema interno. Pero que no nos lo transfieran a nosotros; que lo resuelvan adentro de la justicia, entre los jueces. *Es evidente que* el problema existe. Las doctrinas están y hay divisiones en los criterios.

En este caso, se trata de *"lo que sucedió el viernes"*, es decir, de la presencia de infiltrados que durante la marcha intentaron provocar a los padres y a los familiares de las víctimas. Este hecho es la evidencia empírica que le permite al locutor inferir que *"la justicia tiene un problema interno"* porque existen diferentes criterios doctrinarios.

Finalmente, tal como he señalado en el Capítulo 2, en este contexto, *evidentemente* puede parafrasearse por "por lo visto":

> (9) *Por lo visto*, lo que sucedió el viernes […] demuestra que la justicia tiene un problema interno" o "*Por lo visto*, el problema existe. Las doctrinas están y hay divisiones en los criterios.

Como se deduce de lo expuesto, el locutor de este documento judicial intenta que el interlocutor arribe a su misma inferencia: *"hay dos corrientes, doctrinas o modos dentro de la justicia"* y para ello guía al interlocutor para que recorra su mismo proceso cognitivo. Dicho de otro modo, este locutor, a diferencia de los anteriores, intenta convencer con la razón más que con la pasión.

Consideraciones finales

En este capítulo, he abordado el análisis de las narrativas judiciales de la tragedia de Cromañón y he demostrado que con la enunciación de *evidentemente* como evidencial directo sensorial el locutor muestra las evidencias empíricas a las que accede en forma perceptual y directa, pero también pergeña una estrategia modalizadora y efectiva para manipular al interlocutor. Dicho de otro modo, entabla con el interlocutor un pacto de veridicción, pero como la verdad es una construcción discursiva de un locutor cuya efectividad persuasiva radica en "parecer verdadero", dicho pacto no solo es efectivo, sino que debe ser también "afectivo".

En otras palabras, las evidencias a las que el locutor de las narrativas judiciales accede en forma indirecta, es decir mediante inferencias cognitivas, reflejan su experiencia cognoscitiva, mientras que las evidencias a las que accede en forma directa y perceptual, si bien, al igual que los marcadores indirectos, muestran el aspecto cognoscitivo y racional de su discurso, también incorporan la manipulación modal de un sujeto pasional que, identificándose con el sufrimiento de los sobrevivientes y de las víctimas, intenta influir sobre el alocutario.

Es precisamente con la intención manipulatoria de orientar su discurso hacia su inocencia –se lo culpa del caos organizativo en el reconocimiento de los cuerpos de las víctimas en el cementerio de la Chacarita– que José Luis Calvo enuncia *evidentemente*.

En cuanto a la diputada Estenssoro, la enunciación del evidencial directo sensorial *evidentemente* juega también en su discurso un rol estratégico. En efecto, puede decirse que hay una intención explícita de la locutora de convencer a la audiencia (padres y familiares de las víctimas, diputados y todo el entramado social) de que en la marcha hubo grupos de infiltrados que intentaron provocar a los familiares. Con esta finalidad, la locutora se presenta como testigo presencial de los hechos. Sin embargo, su estrategia manipulatoria consiste en conmover a la audiencia, y entonces esas mismas pruebas o evidencias que advenían a su campo visual y que servían como pruebas empíricas, se transforman ahora en sensaciones internas. Es por eso que ve "*con mucha angustia*", "*ve y entiende el dolor de los padres*", las evidencias le dan "*mucha pena*" y la conmueven en tal medida que, mediante una operación metonímica, se transforma de una locutora racional que construye argumentativamente su alocución sobre pruebas verídicas y objetivas, en un sujeto pasional y eminentemente subjetivo, que siente en su propio cuerpo la misma angustia y el mismo dolor que los padres. Lo que resulta evidente, entonces, es que ese grupo de gente al que llama "infiltrados" "*evidentemente*" la "conmueve" en un sentido opuesto al que la conmueven los padres.

En estos dos casos, las evidencias esgrimidas por los locutores –un funcionario público y una diputada– no provocan el borramiento de la subjetividad, sino que en realidad producen la emergencia a la superficie discursiva de un locutor pasional que intenta influir sobre la audiencia, además de con las evidencias objetivas y racionales, con estrategias emocionales. Dicho de otro modo, con la enunciación de *evidentemente* directo sensorial, el locutor presenta su decir como evidente y fuera de toda discusión, pero es en realidad, mostrando el propio sufrimiento, como compele al alocutario a aceptar las pruebas sin dudar, es decir que, *evidentemente* como evidencial directo de acceso sensorial resulta parte de una estrategia manipulatoria que se constituye como una operación pasional más que racional.

Por el contrario, en el auto de procesamiento de Villarreal y en la alocución de Arturo García, padre de una de las víctimas, la enunciación de *evidentemente* como evidencial indirecto inferencial le permite al locutor convencer con la razón y no con la pasión.

Cápitulo 6

CONCLUSIONES

Tal como he señalado en la introducción, el objetivo que me propuse al encarar el análisis del discurso de Cromañón fue explicitar el modo en que las víctimas, al describir lo que vieron, olieron, escucharon y sintieron aquella noche, reproducen en sus discursos la imagen de la tragedia.

Partí de la premisa, obvia para todo lector interesado en el tema, que el discurso de Cromañón, dada la carga afectiva que cualquier tragedia encarna, es un discurso *pathémico*, es decir que propicia la aparición de determinados recursos. Tal como señala H. Parret (1995*a*:170),

> En general, puede afirmarse que ciertos tipos de discurso poseen una fuerza emotiva mayor que otros. La fuerza emotiva es lo que performativiza el discurso y es mediante ella que se pone en discurso la subjetividad. En términos más técnicos, se debería decir que la fuerza emotiva contribuye al potencial del acto de lenguaje, sea ilocucionario o perlocucionario, o que la presencia de la fuerza emotiva F, que modifica como un operador radical los contenidos de arriba abajo, da al enunciado la potencialidad de ser utilizado en tanto expresión de estados psicológicos.

Pero mi objetivo consistió más que en encarar un análisis en el nivel del enunciado, es decir en el léxico de las pasiones, en incursionar en el nivel de la enunciación y explicitar la experiencia cognoscitiva de las víctimas, aquello de lo que pueden dar fe las víctimas porque fueron testigos presenciales de los hechos, pero también de su experiencia pasional, porque fue precisamente aquello que presenciaron lo que las transforma en locutores sufrientes, en locutores de pasión.

La pregunta que guió mi análisis fue ¿cómo? o ¿por medio de qué recursos este "ser de pasión" como figura enunciativa trasladada a la superficie discursiva la experiencia sensible del propio cuerpo que, al percibir algún evento, se ve afectado por él y entonces se transforma en un ser de pasión?

Fue en la búsqueda de respuestas para estos interrogantes que me concentré en el análisis de la carta de Liliana Garófalo a Estela de Carlotto, en testimonios de sobrevivientes y de padres de las víctimas y en documentos judiciales: el auto de procesamiento a José Luis Calvo y las alocuciones de la diputada Estenssoro y de Arturo García, padre de una de las víctimas.

Descubrí que con la enunciación de los evidenciales directos de acceso sensorial los locutores de estos discursos emergen, con distintas finalidades, como seres de pasión, que en el mismo acto enunciativo con el que dan cuenta de las evidencias sensoriales, se conmueven y conmueven a su interlocutor, desviando así su propia racionalidad narrativa hacia un nuevo modo de enunciación apasionada. En palabras de A. J. Greimas y J. Fontanille [1994] (2002:17), el locutor se transforma en un sujeto apasionado "perturbando con ello su decir programado cognoscitiva y pragmáticamente".[26]

En síntesis, he explicitado en los capítulos centrales de este libro el modo en el que los locutores de Cromañón (en la carta, en los testimonios y en las narrativas judiciales) dan cuenta, a través de la secuencia descriptiva, de los distintos aspectos implicados en el despliegue cognoscitivo de la enunciación, de la pulsión entre el saber y el no saber, pero también de la dimensión pasional en la cual la enunciación de los evidenciales directos de acceso sensorial (el ítem verbal *encuentro*, las construcciones elevadas y de las no elevadas con el verbo *ver* con el significado de "darse cuenta" o con algún rasgo *pathémico*, el ítem *veo* asimilado a la acepción de "juzgar", el adverbio *evidentemente*) demuestran que la percepción no solo es la actividad de un locutor inteligible, sino también la de uno sensible. En efecto, el cuerpo como centro de las percepciones y de los datos que le llegan al locutor desde el exterior, es también el lugar interior donde se desencadenan sentimientos y emociones. En palabras de M. I. Filinich (2003:22-23):

> Quien percibe, el sujeto que recorre el objeto, no solo deposita su mirada y sus apreciaciones sobre lo observado (lo cual caracteriza precisamente su papel de observador) sino que también es afectado, tocado por las sensaciones que lo alcanzan (los olores, los sonidos de la voz) ante las cuales su cuerpo se activa y genera la tensión de la espera. Este mundo puesto en movimiento es el ámbito donde surge otra serie de significaciones y, por lo tanto, atribuibles a otro tipo de sujeto diverso del observador; este será el lugar del sujeto pasional [...].

---

[26] Véase también para este tema M. M. Galinari (2007).

Y es por esa razón que los evidenciales directos de acceso sensorial resultan recursos eficaces y funcionales dentro de un discurso como el de Cromañón, ya que al igual que el género testimonial, codifican la experiencia cognoscitiva –el ver y el saber del locutor –que "sabe" porque "ha visto",[27] pero que también muestran a la manera de los marcadores endofóricos (Plungian, 2001) la experiencia sensible, las emociones, las pasiones y en general la vida afectiva del sujeto de la enunciación quien, entonces, también "padece" porque "ha visto".

Pero mi objetivo no radica tan solo en haber identificado los recursos que *pathemizan* la enunciación, sino que es necesario ahora interpretar el tipo de locutor que generan cada uno de estos recursos y la clase de estrategias que les permiten desplegar. Dicho de una manera más llana ¿para qué y con qué finalidad utilizan cada uno de los locutores de los documentos analizados los recursos de evidencialidad directa en sus discursos?

Recordemos que la doble configuración polifónica de los evidenciales directos de acceso sensorial –cognoscitiva y afectiva– le permiten al locutor por un lado, administrar la circulación de un determinado saber –lo que vio, lo que no vio–, pero también le permiten esgrimir sus pasiones. Para dar un ejemplo, el locutor puede desplegar un *ethos* de seguridad con pruebas verosímiles y ciertas que garanticen la validez de su testimonio, pero también puede ocultar información para defender su postura argumentativa. Del mismo modo, en la dimensión pasional, con la enunciación de los evidenciales directos de acceso sensorial el locutor se conmueve por lo que ha percibido, pero también puede, con un fin manipulatorio, intentar conmover al interlocutor.

La pregunta que resta responder es entonces ¿qué tienen en común los locutores y con qué finalidad utilizan estos recursos en el discurso de Cromañón?

Del análisis de la carta de Liliana Garófalo a Estela de Carlotto surge que, con la enunciación del evidencial directo sensorial *encuentro* en "Encuentro *al Sr. Ibarra responsable de la masacre perpetuada el 30 de diciembre de 2004*", la locutora proyecta primero un *ethos* de soberbia y luego de humildad. Y es precisamente sobre esa tensión de su imagen discursiva que primero se muestra muy racional y luego profundamente pasional, que la locutora construye su estrategia para refutar las acusaciones de Estela de Carlotto.

---

[27] En griego el verbo *saber* toma la forma del pretérito perfecto simple del verbo *ver*, es decir que "saber" es "haber visto" lo que inevitablemente provoca sufrimiento. El refrán "ojos que no ven, corazón que no siente" refleja también esta idea.

Otro posible modo de explicar la misma estrategia es señalar que las dos dimensiones que competen al evidencial directo *encuentro* –la cognoscitiva y la afectiva– provocan que su enunciación pueda ser descripta como una "enunciación subjetiva objetivada" en la que la formulación del juicio por parte del locutor tamiza la emoción y, entonces, provoca un efecto de objetividad ausente en los enunciados puramente pasionales como los interjectivos. En efecto, la subjetividad no se muestra de la misma manera en frases interjectivas como "*¡Qué espectacular que está Buenos Aires!*", que en enunciados con el evidencial *encuentro* como en "*La* encuentro *espectacular (a Buenos Aires)*". Porque en el primer caso, la subjetividad se muestra como surgida de la propia enunciación, mientras que en el segundo, con la enunciación de *encuentro*, la subjetividad queda mediada por el juicio del locutor que, en contacto directo con el objeto o situación juzgada, puede decir *encuentro*, entre otras cosas, porque ha accedido en forma directa a las evidencias sobre las que sustenta su juicio.

Es posible, entonces, establecer un *continuum* o una gradación entre la forma que indica la objetivación máxima: "*Es interesante*", el lugar intermedio, "*Lo* encuentro *interesante*" y la subjetivación total, "*¡Qué interesante!* (Kerbrat Orecchioni, [1980] 1997:195).

Algo similar ocurre con el evidencial directo *veo* (ver Capítulo 4) asimilado también al significado de "juzgo", con cuya enunciación, los locutores puestos en escena en los testimonios de Armando Cansiani, padre de una de las víctimas, de "Facu", "Mauge" y "Gera" todos jóvenes sobrevivientes, tamizan su emoción y presentan su decir bajo un viso de objetividad.

Contrariamente a lo que podría esperarse, todos estos discursos, *pathémicos* sin duda, pero con visos de objetividad, emanan de locutores intrínseca y directamente comprometidos con la tragedia, como lo son Liliana Garófalo, madre de una joven muerta en Cromañón y los propios sobrevivientes de la tragedia. Y digo contrariamente a lo esperado, porque sería lógico de esperar que hubieran sido estos locutores los que describieran de manera más desgarrada lo que sufrieron y aún siguen sufriendo hasta estos días como consecuencia de la situación límite que les tocó vivir la noche del 30 de diciembre de 2004. Por el contrario, todos ellos intentan dotar a sus discursos de un viso de racionalidad.

Y también, contrariamente a lo esperable, es en el discurso de los abogados y de los diputados de la Comisión de la Legislatura, quienes teóricamente deberían mantener la objetividad del juicio, porque están más distanciados del hecho trágico, donde predomina, por ejemplo, el evidencial *evidentemente*, especializado en la mostración del componente *pathémico*.

El motivo de esta inesperada contradicción en la distribución de la fuerza emotiva (los locutores más profundamente comprometidos con la tragedia utilizan recursos emocionales objetivantes, mientras que los menos comprometidos prefieren los más pasionales) pareciera obedecer a diversos factores: en el caso de los contextos de ocurrencia de los ítems *encuentro* y *veo*, responde a la intención de los sobrevivientes y de los padres de las víctimas de obtener justicia, para lo cual resulta un recurso más efectivo presentar un discurso racional y objetivo que uno *pathémico*, puesto que el dolor, a todas vistas evidente, no necesita ningún tipo de certificación.

Esta observación no invalida el hecho de que existen ciertos testimonios en los cuales las víctimas se muestran profundamente conmovidas. Tal es el caso de los locutores de los testimonios analizados en el Capítulo 4, los que con la enunciación del evidencial directo *mirá*, provocan la emergencia a la superficie discursiva de distintos enunciadores de la pasión. Por ejemplo, en el enunciado "*¡pendejos pelotudos*: miren *lo que hacen y ahora salen corriendo!*" con el que la sobreviviente Fabiana Puebla cuenta lo que vio y lo que sintió en el interior del local mientras se producía el incendio, la locutora utiliza la forma *mirá 2* con la que pone en escena la figura de un enunciador que he dado en llamar de la consternación y del pavor. Por su parte, Jorge Kehiayan cuenta que a las dos horas de sucedido el incendio llamó a su mamá para tranquilizarla y le dijo: "*Sí*, mirá *mamá, hay muertos*". Se trata en este caso de *mirá 3*, y el que adviene a la superficie discursiva es el enunciador de la vacilación, la perturbación y el temor de perturbar al interlocutor.

Pero como señalé antes, en general los recursos más "pasionales" son utilizados por locutores de los que se esperarían discursos con un cierto grado de objetividad. Tal es el caso de los discursos de la diputada Estenssoro, de José Luis Calvo, Subsecretario de la Dirección General de Cementerios y de los abogados (auto de procesamiento de Raúl Alcides Villarreal, "mano derecha" de Omar Chabán, dueño del local "República de Cromañón", donde se sucedieron los hechos). Todos estos locutores, distanciados afectivamente de la tragedia, intentan persuadir a la audiencia mediante estrategias manipulatorias, para lo cual utilizan, entre otros recursos, el adverbio evidencial directo *evidentemente*. Porque la persuasión debe entenderse en este contexto no solamente como un contrato cognitivo y epistémico, es decir, como un "contrato de veridicción", en el cual locutor y alocutario se persuaden, sino más bien como un "hacer creer verdad" en el cual ambos se manipulan mutuamente.

Porque como señalan J. Lozano *et al.* (2004:83):

El funcionamiento contractual, donde los sujetos modalizan sus enunciados, modificando la competencia modal y, por ende, modalizándose entre ellos, está, por otra parte, en la base de la acción humana, con sujetos interactuantes que se manipulan y se influencian y afectan en su interacción. Por esas razones, a partir de una semiótica de la manipulación se ha vislumbrado una semiótica de las pasiones, creada a la luz de las teorías filosóficas que históricamente se han ocupado de la cuestión.

En efecto, la manipulación emotiva o pasional, imprime a estos discursos de una mayor fuerza persuasiva que les permite a los locutores influir a su favor sobre la audiencia (opinión pública, abogados, padres, jueces, etc.). En el caso de la diputada Estenssoro, a favor de su propia argumentación, pero en el caso de Raúl Alcides Villarreal, en defensa de sí mismo.

En síntesis, con la enunciación de *evidentemente* directo el locutor presenta la información como evidente y fuera de toda discusión, pero es en realidad, mostrando el propio sufrimiento como compele al alocutario a aceptar las evidencias. Es por esta razón que *evidentemente* como evidencial directo de acceso sensorial resulta en estos discursos parte de una estrategia manipulatoria que se constituye como una operación pasional más que racional y con la cual el locutor "muestra" explícitamente su compromiso con la verdad del enunciado y, a su vez, "se muestra" profundamente pasional.

Dicho de otro modo, con la enunciación de los evidenciales directos de acceso sensorial, estos locutores emergen como seres de pasión, porque en el mismo acto enunciativo con el que dan cuenta de las evidencias sensoriales, se conmueven y conmueven a su interlocutor.

Para finalizar, he comprobado que los locutores del discurso de la tragedia de Cromañon no pueden presentarse como sujetos enteramente cognoscitivos y racionales, dado que en el recorrido de la manifestación discursiva, "encuentran obligatoriamente una fase de 'sensibilización' tímica". Entonces, con la enunciación de los evidenciales directos de acceso sensorial estos locutores emergen como un ser de pasión que en el mismo acto enunciativo con el que dan cuenta de las evidencias sensoriales, se conmueven y conmueven a su interlocutor, desviando así su propia racionalidad narrativa hacia un nuevo modo de enunciación apasionada. Pero tal como he demostrado a lo largo de mi análisis nunca lo hacen inocentemente.

Bibliografía

AIKHENVALD, A. Y. (2004) *Evidentiality*, Oxford, Oxford University Press.

AMOSSY, R. (dir.) (1999) *Images de soi dans le discours. La construction de l´ethos*, París, Delachaux et Niestlé.

______ (2007) "A Espécie Humana, de Robert Anteleme ou as modalidades argumentativas do discurso testemunhal". En: Machado, I. L. et al. (organizadores) (2007), *As emoções no discurso*, Río de Janeiro, Lucerna, Vol. 1, pp.252-271.

ANSCOMBRE, J. -C. et G. Zaccaria (1990) (comps.) *Fonctionnalisme et Pragmatique. À propos de la notion de thème*, Milán, Unicopli.

ANSCOMBRE, J.-C. & O. DUCROT (1983) *L'argumentation dans la langue*, Liège / París / Bruxelles, Mardaga. Versión en español: (1994) *La argumentación en la lengua*, Madrid, Gredos.

AUSTIN, J. [1962] (1982) *Cómo hacer cosas con palabras*, Barcelona, Paidós.

BAJTIN, M. [1952] (1979) *Estética de la creación verbal*, México, Siglo XXI editores.

BALLY, CH. [1932] (1950) *Linguistique général et linguistique française*, Berna, Francke.

BARNES, J. (1984) "Evidentials in the Tuyuca Verb", *International Journal of American Linguistics* 50, pp.255-271.

BARRENECHEA, A. M. [1969] (1979) "Operadores pragmáticos de actitud oracional: los adverbios en –mente y otros signos". En: Barrenechea, A. M. *et al.* (eds.), *Estudios lingüísticos y dialectológicos-temas hispánicos*, Buenos Aires, Hachette, pp.39-59.

BENVENISTE, É. [1971] (2002) *Problemas de lingüística general II*, Buenos Aires, Siglo XXI editores. [(1958) *Problémes de Linguistic Général*. París: Gallimard].

______ [1971] (2004) *Problemas de lingüística general I*, Buenos Aires, Siglo XXI editores.

BERMÚDEZ, F. (2004) "La categoría evidencial del castellano: metonimia y elevación de sujeto", *Boletín de Lingüística* 22, pp.3-31.

______ (2005*a*) "Los tiempos verbales como marcadores evidenciales. El caso del pretérito perfecto compuesto", *Estudios Filológicos* 40, pp.165-188.

______ (2005*b*) Evidencialidad. La codificación lingüística del punto de vista. Tesis de doctorado. Disponible en: <www.diva-portal.org/su/abstract.xsql?dbid=806>. Consulta: enero de 2006.

Biber, D. & E. Finegan (1989) "Styles of stance in English: Lexical and Grammatical Marking of Evidentiality and Affect", *Text* 1, pp.93-124.

Borzi, C. (2004) "Sintaxis de *entonces* en corpus escrito". En: Arnoux, E. y M. M. García Negroni (comp.), *Homenaje a Oswald Ducrot*, Buenos Aires, Eudeba, pp.47-76.

Caffi, Cl. & R. W. Janney (1994a) "Introduction: Planning a bridge", *Journal of Pragmatics* 22, pp.245-249.

______ (1994b) "Toward a pragmatics of emotive communication", *Journal of Pragmatics* 22, pp.325-373.

Chafe, W. L. (1986) "Evidentiality in English Conversation and Academic Writing". En: Chafe, W. L. & J. Nichols (eds.), *Evidentiality: the Linguistic Coding of Epistemology*, Norwood, New Jersey, Ablex Publishing Corporation.

Charaudeau, P. (2008) « Pathos et disours politique ». En: Rinn, M. (dir.) *Émotions et Discours. L'usage des passions dans la langue*, París, Presses Universitaires de Rennes, pp.49-57.

Caldiz, A. (2001) "'*Pero* virtual', cuando la prosodia indica los caminos a seguir". En: *Actas del Congreso Internacional La Argumentación*, Buenos Aires, UBA, pp.53-60.

______ (2004) "Prosodia, contraargumentación y gradualidad. Un análisis centrado en la TBS". En: *Actas del Congreso Políticas Culturales e Integración Regional*, Buenos Aires, pp. 414-420.

______ (2008) *La prosodia como índice de orientación argumentativa. Un estudio centrado en el español rioplatense*, tesis de maestría, Universidad de Buenos Aires, sin publicar.

Cambra, L. (2008) *Callejeros en primera persona*, Buenos Aires, Planeta.

Carel. M. y O. Ducrot (2005) *La semántica argumentativa. Una introducción a la Teoría de los Bloques Semánticos*, Buenos Aires, Colihue.

Carranza, I. (2004) "Discourse Markers in the Construction of the Text, the Activity, and the Social Relations: Evidence from courtroom discourse". En: Márquez Reiter, R. y M. E. Placencia (eds.) *Current Trends in the Pragmatics of Spanish*, Amsterdam/Philadelphia, John Benjamins, pp.203-227.

______ (2006) "El relato y el orden social". En: Parini, A. y A. M. Zorrilla (coord.), *Lengua y Sociedad*, Buenos Aires, Áncora, pp.137-156.

______ (2007) "La construcción de la evidencia". En: Llobet, P. (ed.) *Los estudios del discurso. Nuevos aportes desde la investigación en la Argentina*, Bahía Blanca, Ediuns, pp.1-18.

Cornelsen, E. L. (2007) "A literatura de testemunho e os limites da linguagem". En: Machado, I. L. *et al.* (organizadores) (2007), *As emoções no discurso*, Río de Janeiro, Lucerna, Vol. 1, pp.114-130.

Cornillie, B. (2007a) "The Continuum Between Lexical and Grammatical Evidentiality: a Functional Analysis of Spanish *parecer*", *Italian Journal of Linguistics* 19,1. (Original facilitado por el autor).

Dendale, P. y L. Tasmowski (1994) « L'évidentialité ou le marquage des sources du savoir», *Langue française* 102, pp.3-7.

______ (2001) "Introduction: evidentiality and related notions", *Journal of Pragmatics* 33,3, pp. 339-348.

Dorra, R. (1997) *Fundamentos sensibles de la discursividad*, Puebla, México, Universidad Autónoma de Puebla.

______ (1999) "Entre el sentir y el percibir". En: Landowsky, E., R. Dorra y A. C. de Oliveira (eds.), *Semiótica, estesis, estética*, Saõ Pablo y Puebla, EDUC y Universidad Autónoma de Puebla, pp.253-267.

Ducrot, O. (1975) « Je trouve que » *Sémantikos* 1,1, pp. 63-88.

______ [1984] (1986) *El decir y lo dicho: polifonía de la enunciación*, Barcelona, Ediciones Paidós.

______ (1988) *Polifonía y argumentación*. Conferencias del seminario Teoría de la Argumentación y Análisis del Discurso. Cali: Universidad del Valle.

______ (2004) "Sentido y argumentación". En: Arnoux, E. y M. M. García Negroni (comp.), *Homenaje a Oswald Ducrot*, Buenos Aires, Eudeba, pp.359-370.

Ducrot, O. *et al.* (1980) *Les mots du discours*, París, Les editions de Minuit.

Ducrot, O. y J.-M. Schaeffer (1998) *Nuevo diccionario enciclopédico de las ciencias del lenguaje*, Madrid, Arrecife.

Estrada, A. (2005) *Evidencialidad y argumentación: el caso del verbo 'encontrar'*. Tesis presentada para la aprobación del DEA (UNED). Directora: María Victoria Escandell Vidal.

______ (2006) "Originalidad versus claridad en el discurso académico: la comprensión del marcador reformulativo 'en todo caso'", *Revista Latinoamericana de Estudios del Discurso* 6(1), pp.77-112.

______ (2008a) "'Con todo humildad, Sra. Carlotto'. Análisis lingüístico de las emociones en el discurso argumentativo de la tragedia de Cromañón", Actas *Conferencia Internacional: Lógica, Argumentación y Pensamiento Crítico*, Santiago de Chile, Chile.

______ (2008b) "¿Reforzador o atenuador? *'Evidentemente'* como adverbio evidencial en el discurso académico escrito" *Sintagma. Revista de Lingüística* 20, pp.37-52.

______ (2009) "*Ethos* y pedagogía. El marcador de evidencialidad "*a ver*" en la clase magistral", *Lingüística. Revista de la ALFAL* 22, pp.61-80.

______ (2010) "Evidencialidad y polifonía. *Evidentemente* en el discurso testimonial de la tragedia de Cromañón", *Oralia*, Anejo nº 6, Polifonía e intertextualidad en el diálogo (en prensa).

FILINICH, M. I. (1998) *Enunciación*, Buenos Aires, Eudeba.

______ (2003) *Descripción*, Buenos Aires, Eudeba.

FONTANILLE, J. (1984) « Pour une topique narrative antropomorfe », *Actes sémiotiques. Documents* VI, p.57.

______ (1987) *Le savoir partagé. Sémiotique et théorie de la connaissance chez Marcel Proust*, París-Amsterdam-Philadelphia, Hadès-Benjamins.

______ (1994) "El retorno al punto de vista", *Morphé* 9/10, pp.,37-53.

______ (1999) *Sémiotique et littérature*, París, PUF.

______ (2001) *Semiótica del discurso*, Lima, FCE/Universidad de Lima.

FRUTOS, S. (2004) "Apuntes para el estudio semiótico del discurso jurídico", *La trama de la comunicación. Anuario del Departamento de Ciencias de la Comunicación*, 9. Disponible en: <http://biblioteca.puntoedu.edu.ar/dspace/handle/2133/486>. Consulta: enero 2009.

GALINARI, M. M. (2007) "As emoções no processo argumentativo". En: Machado, I. L. *et al.* (organizadores) *As emoções no discurso*, Río de Janeiro, Lucerna, Vol. 1, pp.221-239.

GARCÍA NEGRONI, M. M. (1995) « Scalarité et reinterpretation : les modificateurs surréalisants ». En: Anscombre, J.-C (comp.), *Théorie des Topoï*, París, Kimé, pp.101-144.

______ (1998*a*) "Argumentación y dinámica discursiva. Acerca de la Teoría de la Argumentación en la Lengua", *Signo y Seña* 9, pp.21-43.

______ (1998*b*) "La negación metalingüística, argumentación y escalaridad", *Signo y Seña* 9, pp.227-252.

______ (2002) "En todo caso: atenuação, polidez e evidencialidade", *Letras de Hoje* 37,3, pp.93-121.

______ (2003) « La qualification à propos du degré extrême ». En: García Negroni, M. M. *Gradualité et réinterprétation*, Paris, Budapest, Torino, L'Harmattan, cap. 8, pp.173-213.

______ (2001) *La enunciación en la lengua. De la deixis a la polifonía*. Madrid, Gredos.

GONZÁLEZ VÁZQUEZ, M. (2006) *Las fuentes de la información. Tipología, semántica y pragmática de la evidencialidad*, Vigo, Universidad de Vigo.

GRANDE ALIJA, F. J. (1999-2000) "La gramática de la emoción: los enunciados exclamativos", *Contextos* XVII-XVIII, 33-36, pp.279-308. Disponible en: <www.dialnet.unirioja.es>. Consulta: julio 2006.

GREIMAS A. J. y J. FONTANILLE ([1994] (2002):17) *Semiótica de las pasiones. De los estados de cosas a los estados de ánimo*, México, Siglo XXI editores.

GREIMAS, A. J. (1973) *Semántica estructural*, Madrid, Gredos.

GRUPO (1987) *Retórica General*, Barcelona, Buenos Aires, México, Ediciones Paidós.

HAMON, PH. (1991) *Introducción al análisis de lo descriptivo*, Buenos Aires, Edicial.

KERBRAT-ORECCHIONI, C. [1980] (1997) *La enunciación. De la subjetividad del lenguaje*, Buenos Aires, Edicial.

LABOV, W. y J. WALETZKY (1967) "Narrativa Analysis: Oral Versions of Personal Experience". En: Helms, J. (ed.) *Essays on the Verbal and Visual Arts*, Seattle & London, University of Washington Press, pp. 12-44. Disponible en: <http://www.clarku.edu/~mbamberg/LabovWaletzky.htm>. Consulta: marzo de 2007.

LAUSBERG, H. [1960] (1976) *Manual de retórica literaria*, Madrid, Gredos.

LAVANDERA, B. (1985) *Curso de Lingüística para el análisis del discurso*, Buenos Aires, Centro Editor de América Latina.

LEONETTI, M. y M. V. ESCANDELL VIDAL (2003) "On the quotative readings of Spanish Imperfecto", *Cuadernos de Lingüística* X, pp. 135-154.

LIMA, H. (2007) *"Patemização: emoções e linguagem"*. En: As emoções no discurso, Río de Janeiro, Lucerna, Vol. 1, pp. 140-149.

LINDE CH. y W. LABOV (1975) "Spatial networks as a site for the study of language and thought", *Language* 51, pp. 924-939.

LOZANO, J., C. PEÑA-MARÍN y G. ABRIL (2004) *Análisis del discurso. Hacia una semiótica de la interacción textual*, Madrid, Cátedra.

MARCOS SÁNCHEZ, M. (2004) "El territorio de la evidencialidad en español". En: Villayandre Llamazares, M. (ed.), *Actas del V Congreso de Lingüística General*, Madrid, Arco/Libros, pp. 1857-1866.

______ (2006) "Evidencialidad y género discursivo", *Análisis del discurso: lengua, cultura, valores. Actas del I Congreso,* Madrid, Arco/Libros, pp. 579-591.

MARI, H. y P. H. A. M. MENDES (2007) "Enunição e emocão". En: Machado, I. L. et al. (organizadores) *As emoções no discurso*, Río de Janeiro, Lucerna, Vol. 1, pp. 150-168.

MARÍN ARRESE, J. I. (ed.) (2004) *Perspectives on Evidentiality and Modality*, Madrid, Editorial Complutense.

MATURANA, H. (1997) *Emociones y lenguaje en educación política*, Santiago de Chile, Dolmen ediciones/Granica.

McLENDON, S. (2003) "Evidentials in Eastern Pomo with a comparative survey of the category in other Pomoan languages". En : Aikhenvald, A. and Dixon, R. M. W. (eds.) *Studies in evidentiality*, Amsterdam, John Benjamins, pp. 101-130.

MERLINI-BARBARESI, L. (1987) "*Obviously* and *Certainly*: Two Different Functions in Argumentative Discourse", *Folia Linguistica* 21, 1, pp. 3-24.

MILNER, J.-C. (1978) *De la syntaxe à l'interpretation*, París, Seuil.

MONTERO, S. A. (2007) "'¡Claro que estoy en campaña!': exclamación, oposición y verdad en el discurso presidencial (Argentina, 2003-2006). Análisis semántico-argumentativo del marcador *claro que...*", *Oralia. Análisis del discurso oral* 10, pp. 193-213.

MONTOLÍO, E. (2006) "Lingüística, retórica y procesos argumentativos en las corporaciones". Conferencia plenaria durante el III Congreso Internacional de español para fines específicos, Utrecht, pp. 17-31. Disponible en: Centro Virtual Cervantes, <http://213.4.108.140/ensenanza/biblioteca_ele/ciefe/pdf/03/cvc_ciefe_03_0006.pdf>. Consulta: junio de 2008.

MUÑOZ, N. (2008) (en prensa) "Sobre la rehabilitación de las emociones en los estudios de Argumentación. Aportes desde una teoría de la ideología", Actas *Conferencia Internacional: Lógica, Argumentación y Pensamiento Crítico*, Santiago de Chile, Chile.

MUSHIN, I. (2001) *Evidentiality and Epistemological Stance. Narrative Retelling*, Amsterdam/Filadelphia, John Benjamins Publishing Company.

NUYTS, J. (2001) "Subjectivity as an evidential dimension in epistemic modal expressions", *Journal of Pragmatics* 33, 3, pp. 383-400.

ORLER, J. (2008) "Relatos enfrentados". Ponencia presentada en el Primer Congreso de Innovación en la Enseñanza del Derecho, Facultad de Ciencias Jurídicas, UBA. Disponible en: <www.derecho.uba.ar/academica/carrdocente/relatos_enfrentados_orler.pdf>. Consulta junio de 2008.

PALMER, F. R. (1986) *Mood and Modality*, Cambridge Textbooks in Linguistics, Cambridge University Press.

PARRET, H. [1986] (1995a) *Las pasiones. Ensayo sobre la puesta en subjetividad del discurso*, Buenos Aires, Edicial.

_______ (1995b) *De la semiótica a la estética. Enunciación, sensación y pasiones*, Buenos Aires, Edicial.

PLANTIN, CH. (1997) « L'Argumentation dans l'émotion », *Pratiques* 96, pp. 81-100.

_______ (1998) « Les raisons des émotions ». En: Bondi, M. *Forms of argumentative discourse*, CLUEB, Universidad de Bolonia. Disponible en: <http://icar.univlyon2.fr/-membres/CPlantin/documents/1998a.doc>. Consulta: noviembre de 2006.

______ (1999) « La construction rhétorique des émotions ». En: Rigotti, E. (ed.), Rhetoric and argumentation - Proceedings of the IADA International conference, Lugano, pp. 203-219. Disponible en: <htpp://icar.univ-lyon2.fr/membres/cplantin/documents-/1999b.doc>. Consulta: noviembre de 2006.

______ (2003) « Structures verbales de l'émotion parlée et de la parole émue ». En: Colletta, J.-M. & Tcherkassof, A. (dir.), *Les émotions. Cognition, langage et développement*, Liége: Mardaga, pp.97-130. Disponible en: <http://icar.univ-lyon2.fr/Membres/cplantin/recherche.htm>. Consulta: noviembre de 2006.

______ (2004) "¿Dónde está la argumentación? El estudio de la palabra argumentativa". En: Arnoux, E y M. M. García Negroni (comp.), *Homenaje a Oswald Ducrot*, Buenos Aires, Eudeba, pp.308-312.

______ (2005) *L´argumentation. Histoire, théorie et perspectives*, París, PUF.

PLUNGIAN, V. A. (2001) "The Place of Evidentiality within the Universal Grammatical Space", *Journal of Pragmatics* 33, 3, pp.349-357.

PONS BORDERÍA, S. (1998) "*OYE y MIRA* o los límites de la conexión". En: Martín Zorraquino, M. A. y E. Montolío Durán, *Los marcadores del discurso. Teoría y análisis*, Madrid, Arco/Libros, pp.213-228.

RAMÍREZ GELBES, S. y A. ESTRADA (2003) "Vocativos *insultivos* vs. vocativos *insultativos*: acerca del caso de *boludo*", *Anuario de Estudios Filológicos*, XXVI, pp.335-353.

REYES, G. (1994) "Los evidenciales". En: Reyes, G. *Los procedimientos de cita: citas encubierta y ecos*, Madrid, Arco/Libros, Cap. II, pp.25-37.

RINN, M. (dir.) (2008) *Émotions et Discours. L'usage des passions dans la langue*, París, Presses Universitaires de Rennes.

ROSALES CUEVA, J. H. (2004) "La sensorialidad como fundamento de la construcción de sentido", *Escritos. Revista de Centro de Ciencias del Lenguaje* 29, pp.87-103.

SCHERER, K. R., (1984) « Les émotions : Fonctions et composantes », *Cahiers de psychologie cognitive* 4, pp.9-39.

SCHIFFRIN D. (1996) "Narrative as self-portrait: The sociolinguistic construction of identity", *Language in Society* 25, 2, pp.167-203.

SCHWENTER, S. (1999) "Evidentiality in Spanish Morphosyntax. A Reanalysis of (*de*) *queísmo*". En: Serrano, M. J. (ed.) *Estudios de variación sintáctica*, Madrid, Iberoamericana, pp.65-87.

UNGERER, F. (1995) "Emotions and Emotionals Language in English and German New Stories". En: Niemeyer & Dirven (eds.) *The Language of emotions*, pp.207-328.

Uspensky, B. (1973) *A Poetics of Composition*, Berkeley-Los Ángeles-Londres, University of California Press.

Van Dijk, T. A. (1989) *La ciencia del texto*, Barcelona, Paidós.

Van Eemeren F. and P. Houtlosser (s/f) "Rhetoric in pragma-dialectics". Disponible en: <http://www.robertomarafioti.com/bibliooblig_uba.asp>. Consulta: marzo de 2008.

Van Eemeren, F., R. Grootendorst y F. Snoeck Henkemans (2006) *Argumentación: análisis, evaluación, presentación*, Buenos Aires, Biblos.

Vendrame, V. (2005) "A evidencialidade em construções complexas", *Estudos Lingüísticos* XXXIV, pp. 177-182.

Walton, D. (1992) *The Place of Emotion in Argument*, Pennsylvania, The Pennsylvania State University Press.

Willett, Th. (1988) "A Cross-linguistic Survey of the Grammaticalization of Evidentiality", *Studies in Language* 12, pp. 51-97.

BIBLIOGRAFÍA ESPECÍFICA SOBRE CROMAÑÓN

1) TESTIMONIOS ORALES

a) Testimonios judiciales desgrabados taquigráficamente.
Disponibles en: <www.quenoserepita.com.ar>.
Consulta: julio-septiembre de 2007 y agosto-enero de 2008.

b) Reportajes testimoniales realizados por alumnos de 1er. año de Ciencias de la
Comunicación (UBA) durante el año 2005.
Disponibles en: <http://www.ayeshalibros.com.ar/html/reportajes/cromanon-/htm>.
Consulta: julio-septiembre de 2007 y agosto-enero de 2008.

Sole, Cami y Pía, por Vera Frascino

"Estuvimos toda la tarde hablando de muerte antes de ir".

"Y fue ese segundo. O sea, de repente un segundo, que se detuvo el mundo".

"Para cambiar las cosas hay que ponerse un poco las pilas en pequeños grandes
actos".

Ariel Kun, por Mauro Maffei

"Este es el país de los garcas: todos se cagan en el de al lado".

Belén, por Jimena Rizzotti

"Para los que nos tocó de cerca, será algo que jamás se va a olvidar".

Cristian Portelli, por María Julia Erpen

"Agarraban cuerpos de algunos vivos y otros muertos y los tiraban en las chatas".

Facundo Gasset, por Silvina Jiménez

"A la gente le salía un líquido negro de la boca, de la nariz y de los oídos".

Jorge Kehiayan , por Mariana Luna

Pato dijo: "Loco, por favor, déjense de joder con las bengalas que es el último recital del año. Vamos a vivirlo como una fiesta, pórtense bien".

Juan Martin, por Silvina Giménez

"Apenas salí, estaba pensando. Ahora que salimos todos, se pasa el recital para pasado mañana".

Marcelo Portelli, por María Julia Erpen

"No pueden tener cara para subirse de nuevo a un escenario".

Matías, por Daniela Ramos

"Por la cabeza te pasan miles de cosas. Pensás: Pero ¿cómo que te vas a morir si tenés 20 años y en un recital de Callejeros? Decís que esto no está pasando en serio".

Mauro, por Matías Da Francesco

"Me pusieron entre los muertos pero un médico se acercó porque dijo que había visto una luz que le dijo que me atienda".

Paula Portelli, por María Julia Erpen

"Y en un momento lo miro a él despidiéndome, diciéndole: Mi amor, te quiero mucho…".

2) Testimonios visuales

a) Video documental: "Cromañón: el cómo y el por qué".
Disponible en: <http://www.quenoserepita.com.ar/what_happened_in_cromanon>.
Consulta: marzo de 2006.

b) Películas testimoniales
Cromañón, "retazos de la memoria".
Argentina / 2006 / DVD / Color / 62:37 min.
Realización: Gabriel Benítez
Guión: Gabriel Benítez, Jimena Etchevarría, Arturo Sagel, Alejo Verra
Producción: Gabriel Benítez, Jimena Etchevarría, Arturo Sagel
Fotografía: Jimena Etchevarría, Fabián Rodríguez, Cristian Rodríguez
Sonido: Alejo Verra, Arturo Sagel
Edición: Gabriel Benítez
Idioma: Español

c) Programas periodísticos de televisión
El juego limpio (Nelson Castro).
Emisiones del:
17 de febrero de 2005 con lo padres de las víctimas.
3 de marzo de 2005 con el grupo "Callejeros".
junio de 2006 con el Dr. Sivak, Jefe del hospital Álvarez.

d) Programas especiales de TV

MTV: *Tragedia en Cromañón, un año después* (testimonios y reflexiones sobre el impacto de la tragedia en la cultura joven)
28 de diciembre de 2005

Infinito: Documental *Sobreviviente de Cromañón*, conducido por Jean Pierre Noer. Testimonio de Cecilia Reale, una joven que vivió de cerca la tragedia.
30 de diciembre de 2005

3) Libros

a) Sanz Cerbino, G. *Culpable: República Cromañón*. 30 de diciembre de 2004, Buenos Aires, R y R.

b) Libros testimoniales

AA.VV. (2005) *Generación Cromañón. Lecciones de resistencia, solidaridad y rocanrol*, Buenos Aires, lavaca.

Cambra, L. (2008) *Callejeros en primera persona*, Buenos Aires, Planeta.

RATTI, E. y F. TOSATO (2006) *Cromañón. La tragedia contada por 19 sobrevivientes*, Buenos Aires, Planeta.

c) Artículos de revistas
KORSTANJE, M. (2007) "Formas urbanas de religiosidad popular. El caso Cromañón en Buenos Aires", *Red. Mad.* 16, pp.79-92, Departamento de Antropología, Universidad de Chile.

d) Testimonios escritos extraídos de los medios
Cartas de lectores: "Sobre los huevazos a Carlotto", por un padre de una víctima. Wednesday, Aug. 17, 2005 at 4:14 PM.
Disponible en:
<http://argentina.indymedia.org/print.php?id=317649&comments=yes>.
Consulta: enero de 2006.

"Carta de una madre de Cromañón a Estela Carlotto", Wednesday, Aug. 03, 2005 at 8:14 PM.
Disponible en: <http://argentina.indymedia.org/news/2005/08/314321.php>.
Consulta: enero de 2006.

Testimonio de un socorrista: "Mi noche en Cromañón".
Disponible en el foro Que No Se Repita.
<http://www.quenoserepita.com.ar/what_happened_in_cromanon>.
Contiene información publicada en medios nacionales e internacionales o aportes de los familiares de víctimas, sobrevivientes y adherentes de la masacre de Cromañón. Publicado: Lun May 29, 2006 10:49 am.

GALLETTI, M. (2005) "Los medios psicopatizaron la tragedia de Cromañón". Entrevista a Alejandro Margulis.
Disponible en: <http://www.ayeshalibros.com.ar/html/reportajes/cromanon/htm>.
Consulta: abril de 2008.

e) Capítulos de libros
MURILLO S. "Argentina es Cromañón". En: Murillo, S. *Colonizar el dolor. La interpretación ideológica del Banco Mundial en América Latina. El caso argentino desde Blumberg a Cromañón*, Buenos Aires, CLACSO, pp. 259-283. Disponible en:
http://biblioteca virtualclacso.org.ar/libros/becas/murillo/13Biblio.pdf
______ (2008) La exigencia de rendición de cuentas por Cromañón. En: Murillo, S. *Colonizar el dolor. La interpretación ideológica del Banco Mundial en América Latina. El caso argentino desde Blumberg a Cromañón*, Buenos Aires, CLACSO, pp. 285-326. Disponible en: http://biblioteca virtualclacso.org.ar/libros/becas/murillo/13Biblio.pdf

_____ (2008) "Final abierto" En: Murillo, S. *Colonizar el dolor. La interpretación ideológica del Banco Mundial en América Latina. El caso argentino desde Blumberg a Cromañón*, Buenos Aires, CLACSO, pp. 227-350. Disponible en:
http://biblioteca virtualclacso.org.ar/libros/becas/murillo/13Biblio.pdf